World as a Perspective

世界做為一種視野

如何在二十一世紀反對資本主義

How to Be an Anticapitalist in the Twenty-First Century

艾瑞克・萊特 Erik Olin Wright 著

陳信宏 譯

目次

未竟的左派改革藍圖

林宗弘／中央研究院社會學研究所

二十一世紀以來，全球資本主義經歷了美國恐怖攻擊、中國經濟崛起、網際網路發展、全球金融海嘯，以及美中貿易戰與全球瘟疫的衝擊，這些重大的全球事件，或多或少跟上世紀末以降的資本全球化有關，樂觀天真的新自由主義早已備受批判。就像科學界主流認為氣候變遷是個真實的危機，在主流的社會科學社群，全球貧富差距惡化的趨勢也早已經成為眾矢之的。然而奇怪的是，反對資本主義之弊病的各國左派陣營，卻積弱不振，支持社會民主派的民眾流失，右翼民粹主義反倒成為各資本主義民主國家的新興勢力。全球資本主義危機重重，為何民眾並未轉而支持左派或自由派的政黨與政客呢？反對資本主義的哲學與政治藍圖還有出路嗎？這就是本書所要回應的時代主題。

太陽花男孩

《如何在二十一世紀反對資本主義》一書的作者，是美國著名的量化社會學者萊特（Erik Olin Wright），也是全球最著名的新馬克思主義者之一，二〇一二年曾經獲選為美國社會學會理事長。萊特是近年來美國社會學界最活躍的公共知識分子之一，不幸的是，他在二〇一八年即將出版本書之際，驚傳罹患血癌，遲遲無法找到配適的骨髓移植對象，二〇一九年一月二十三日在安寧照護與家人陪伴中過世，享年七十一歲，全球左派人士與社會學界紛紛追悼。這是筆者近期內為萊特所寫的多篇悼念文章之一，不免重複回憶起他與臺灣的緣分。

萊特畢業於加州大學柏克萊分校，長期任職於全美頂尖的威斯康辛大學麥迪遜分校社會學系，他曾是一九六〇年代的學運分子，早年研究集中在階級分析，是結合博弈理論與馬克思主義的「分析馬克思主義」學派代表人物之一，除了在美國主要社會學期刊發表許多有關美國階級結構轉型的知名論文（例如 Wright and Perrone 1977; Wright and Singelmann 1982; Wright and Martin 1987; Wright and Cho 1992），其主要著作《階級》（*Classes*, 1985）與《階級很重要》（*Class Counts*, 1997）這兩本書，重構了以剝削為基礎的階級理論，以及新中產階級的分析架構與實證研究，在社會階層化領域獨樹一幟。萊特在博士班時見義勇為，協助布若威（Michael Burawoy）處理柏克萊聘任時面臨的問題，量化與質化社會學兩位巨擘相知相惜的友誼，更是學界少見的典範（Burawoy 2005 [1979]；林宗弘 2005），本書也收錄了好友布若威為他所寫的後記。

如同布若威在後記裡提到，萊特在一九八〇年代中期開始，主持跨國階級比較計畫，將蘇聯與臺灣納入分析比較的個案，與許嘉猷、蕭新煌、吳乃德等知名學者合作進行社會調查，並出版相關著作，這是他第一次訪臺，據他後來說，三天兩夜的旅程裡只到過中研院與臺大，此間僅與幾位曾經教學過的臺灣學生，如蔡淑玲、黃樹仁、黃敏雄與黃崇憲等保持聯繫，印象卻不深刻。從這些優秀學者口中，我們知道萊特是一個愛家、照顧學生，積極參與左派運動，在學術立場上十分堅持、正直的學術人。

我在二〇〇六年美國社會學會的年會當中，經由臺大藍佩嘉教授、香港科大潘毅教授，以及當年美國社會學會會長布若威的介紹，在蒙特婁路邊的咖啡桌初識萊特，後來在北京清華大學沈原教授主持的演講中再次碰面。二〇一二年八月美國社會學會的理事長演講之後，我與臺大何明修教授一起當面邀請萊特再次訪問臺灣，談真實的烏托邦計畫，他說願意，但時程必須排在一年半以後，最後決定在二〇一四年三月二十六日訪臺一週。

歷史的偶然性與行動者的自主性，總是在改變世界的過程裡，發揮意想不到的重大作用。當年三月十七日午夜，學生與社運人士占領立法院議場，開啟為期二十四天的太陽花學運。協助接待的臺灣社會學會多位學者參與部分活動，我們遂把其中一場占領威斯康辛州議會經驗的演講，改到學運決策小組的密會場所之一臺灣勞工陣線辦公室舉行，並且陪同萊特進入議場與學生對話，他在《真實烏托邦》臺灣版序言裡詳細記錄了這段驚奇之旅。

思念一個人，往往會想起那些看似不重要的細節。在四月一日萊特離臺前一晚，立法院議場占領區內的學運領袖如林飛帆與陳為廷等，曾邀請萊特在會場公開演講，但是我擔心現場SNG直播後，外交部或警方就會將他遞解出境、列入黑名單，就與在場的黃崇憲、呂建德兩位前輩商議後，替他婉拒了，隨後他說想留在議場睡覺，我也怕出事變成國際新聞，只好把他硬拖出去、開車載回中研院學術活動中心。過程中我一歲多的大女兒很好奇，在後座玩他的蒼蒼捲髮，萊特也不以為意，只覺得沒能睡在議場很可惜。

同年七月，於日本橫濱舉辦的國際社會學會世界大會中，萊特受會長布若威之邀談真實烏托邦，卻主要在講他參與太陽花運動與學生相處的感動，八月我們在舊金山的美國社會學會相見，他仍然關注臺灣學運與政治的後續發展。這段期間，布若威常笑稱他是「太陽花男孩」（Sunflower boy）。

此後，中研院同仁李宗榮與萊特在威斯康辛大學麥迪遜分校碰面，得知他身體微恙，二〇一九年一月初，我聽聞病情迅速惡化，透過網路留言給他打氣，說我很抱歉，當年離臺前那一夜，應該讓他留在立院議場，不料一週後便聞噩耗。

真實烏托邦

《如何在二十一世紀反對資本主義》成了萊特的遺著，內容雖然與《真實烏托邦》有些重疊，不過更像是給公民社會NGO上課的講稿，有助於釐清過去反資本主義政治思想裡的弱點，以朝向更開放的左派改革藍圖開展。

在《真實烏托邦》一書裡，萊特提到三種組織力量的對比與均衡，決定了資本主義的結構與其他另類出路的可能性，這三種力量分別是來自經濟領域的資本、來自政治領域的國家、與來自公民社會的社會力，分別依賴利益（其中可能相當大部分來自剝削）、強制與說服，做為其生產在社會關係層面的機制，要超越資本主義所造成的不平等，可能未必以立即消滅資本的革命做為最重要或最合乎邏輯的策略，而是要建立混合的轉型生態系。

在本書中，萊特闡述了左派的價值觀，正義（平等）、民主（自由）與團結（博愛），這些價值觀與前述的資本、國家與公民社會的力量相對應。他向運動者或公共政策參與者闡釋了反資本主義的三個層次，第一個層次是政治經濟遊戲的本質：在現代世界體系當中，資本積累導致剝削、不正義與不平等，需要社會主義的經濟組織與分配來矯正；國家任意使用暴力時則是導致政治不民主與不自由，需要民主參與來矯正；而團結、互惠與共善則是公民社會的重要關懷。因此，真正的社會主義必須立足於公民社會的活躍參與，並且主張經濟平等與政治民主的價值觀，這就是萊特心目中所定義的民主社會主義。

然而，光有價值立場是不夠的，第二個反資本主義的層次，是修正遊戲規則的策略。萊特回應了過去三、四百年來反資本主義的各種策略，包括打碎（共產革命）、拆解（國有化）、馴服（福利國家）、抵抗（工會運動）與逃離（合作社運動），試圖說明這些策略並不互斥，而且全面打碎資本主義的共產革命，已經被現實證明未必是比較有效（提高生產力）、民主或公平的策略，因此，反資本主義的策略，可能是從多層次、透過國家與公民社會等多方面的干預，來弱化資本主義所造成的剝削與損害，也就是要尊重公民社會裡反抗運動的生態多樣性，逐漸弱化資本主義的主導地位，尋找民主社會主義轉型的出路。

在第五章萊特回應了資本主義中之國家的性質與策略的關聯性。首先在本質上，他認為國家不是鐵板一塊、不是資產階級的工具，而是政治經濟鬥爭的場域，其次在策略上，他認為要解決金權政治問題，民主化與分權化（去中心化）是可欲的、可行的政治策略，應該將這些策略制度化。

未竟的左派

最後，萊特討論了促成資本主義改革的行動者，包括認同、利益與價值，是建構政治結盟的重要社會動員與象徵資源。如後記裡布若威的機鋒評論，其實萊特過去的階級分析強調剝削（利益）與客觀的階級位置，是「沒有烏托邦的階級分析」，結論仍難脫階級鬥爭，但是在真實烏托邦計畫裡，他談的是認同與價值，或是道義經濟、屬於後物質主義、新社會運動或社會經濟創新的觀點，是「沒有階級分析的烏托邦」。可惜萊特英年早逝，尚未在行動者的理論方面銜接起這個哲學與理論邏輯的斷裂，卻也為未來有關民主社會主義、或左派政治前途的討論，保留了一定的開放性。

對臺灣或廣義的華人社會而言，萊特的真實烏托邦計畫似乎比學院式的階級分析更有啟發性，這是因為臺灣過去「黑手變頭家」（謝國雄 1989）的歷史經驗仍不遠，資本集中化與產業變化遠比階級形成更迅速（林宗弘 2009；李宗榮、林宗弘 2017），而中國則是處在遠離社會主義的市場轉型，黨國體制既不民主也不平等，形成多層次的階級剝削（林宗弘、吳曉剛 2010），香港更困擾於金融化與去工業化，階級議題遠不如認同、世代或民主轉型重要。在臺灣甚至整個東亞，左派或勞工運動還來不及建構階級團結，就已經面臨政治鎮壓與產業轉型所造成的零碎化（何明修 2016），可以說是「未竟的左派」。

對於受社會主義之平等理想感召的人來說，比起過去的西方馬克思主義或左派哲學理論，本書提供了更開放的價值與策略、也有更明確的現實案例。《如何在二十一世紀反對資本主義》似乎建議我們，在新自由主義之後的世界，應該在重建國家能力與公民社會的基礎上，塑造更公平、民主、分權與多樣化的資本主義，以利於尋找民主社會主義轉型的可能性。

參考資料

吳乃德，一九九四，〈階級認知與階級認同：比較瑞典、美國、臺灣，和兩個階級架構〉。見許嘉猷編，《階級結構與階級意識比較研究論文集》，頁一〇九—一四九。臺北：中央研究院歐美研究所。

何明修，二〇一六，弓一支離破碎的團結：戰後臺灣煉油廠與糖廠的勞工》。臺北：左岸出版社。

李宗榮、林宗弘，二〇一七，〈「臺灣製造」的崛起與失落：臺灣的經濟發展與經濟社會學〉，李宗榮、林宗弘編，《未竟的奇蹟：轉型中的臺灣經濟與社會》，頁一—四三，臺北：中央研究院社會學研究所。

林宗弘，二〇〇五，〈譯序：邁可・布若威與生產的政治〉。見布若威（Michael Burawoy）著，林宗弘等譯，《製造甘願：壟斷資本主義勞動過程的歷史變遷》，頁五—六七。臺北：群學。

林宗弘，二〇〇九，〈臺灣的後工業化：階級結構的轉型與社會不平等，1992-2007〉，《臺灣社會學刊》，第四十三期，頁九三—一五八。

林宗弘、吳曉剛，二〇一〇，〈中國的制度變遷、階級結構轉型和收入不平等：1978-2005〉，《社會》，第三十卷第六期。

許嘉猷，一九九四，〈階級結構的分類、定位與估計：臺灣與美國實證研究之比較〉。見許嘉猷編，《階級結構與階級意識比較研究論文集》，頁二一—七二。臺北：中央研究院歐美研究所。

謝國雄，一九八九，〈黑手變頭家：臺灣製造業中的階級流動〉，《臺灣社會研究季刊》，第二卷，頁十一—五四。

蕭新煌，一九九四，〈新中產階級與資本主義：臺灣、美國與瑞典的初步比較〉。《階級結構與階級意識比較研究論文集》，頁七三—一〇八。臺北：中央研究院歐美研究所。

Acemoglu, D. and J. A. Robinson. 2005. *Economic Origins of Dictatorship and Democracy,* Cambridge: Cambridge University Press.

Burawoy, Michael. 2005 [1979].《製造甘願：壟斷資本主義勞動過程的歷史變遷》(*Manufacturing Consent: Changes in the Labor Process under Monopoly Capitalism*)。林宗弘、張烽益、鄭力軒、沈倖如、王鼎傑、周文仁、魏希聖譯。臺北：群學。

Wright, Erik Olin. 1985. *Classes*. London: Verso.

——1994. *Interrogating Inequality*. London: Verso.

——1997. *Class Counts*. London: Verso.

——2000a. Working-Class Power, Capitalist-Class Interests, and Class Compromise. *The American Journal of*

Sociology 105(4): 957-1002.

——2000b. Class, Exploitation, and Economic Rents: Reflections on Sørensen's "Sounder Basis". *The American Journal of Sociology* 105(6): 1559-1571.

——2002. The Shadow of Exploitation in Weber's Class Analysis. *American Sociological Review* 67(6): 832-853.

——(eds.) 2005. *Approaches to Class Analysis*. Cambridge, UK; New York: Cambridge University Press.

——and Archon Fung. 2003. *Deepening Democracy: institutional innovations in empowered participatory governance*. London: Verso.

——and Bill Martin. 1987. The Transformation of the American Class Structure, 1960-1980. *The American Journal of Sociology* 93(1): 1-29.

——and Donmoon Cho. 1992. The Relative Permeability of Class Boundaries to Cross-Class Friendships: A Comparative Study of the United States, Canada, Sweden, and Norway. *American Sociological Review* 57(1): 85-102.

——and Luca Perrone. 1977. Marxist Class Categories and Income Inequality. *American Sociological Review* 42 (1): 32-55.

——and Joachim Singelmann. 1982. Proletarianization in the Changing American Class Structure. *The American Journal of Sociology*, Supplement: Marxist Inquiries: Studies of Labor, Class, and States 88: S176-S209.

序

這本書原本的構想，是要把二〇一〇年出版的《真實烏托邦》（*Envisioning Real Utopias*）的中心論點，以簡潔扼要的方式濃縮呈現。那本書出版之後的這些年來，我定期向世界各地的社區團體、社運人士與勞工團體發表關於書中主題的演說。聽眾對那些觀念的反應通常都很熱切，但許多人覺得那本書的厚重篇幅以及學術式的寫作方法令人難以親近。於是，我認為再寫一部簡短易讀的版本會是個好主意。

不過，等到我開始寫這本書的時候，我的想法已經出現相當程度的演變，所以這本書如果主要只是概述《真實烏托邦》的內容，感覺已不再有意義。我的專注焦點已經從如何為一套取代資本主義的民主平等方案建立可信度，轉向了策略的問題，也就是怎麼從現況的這裡前往理想中的那裡。原本的計畫是為我二〇一〇年的那本書撰寫一部簡短的濃縮本，後來卻變成比較像是續集。

對於這本書，我還是希望能夠讓任何一位有意思考這些議題的讀者感到興致盎然。但我也發現，要介紹新的論點與主題，很難不採取學術寫作中常用的那些做法，也就是和其他觀點進行辯論、記錄我的分析所取材的各種觀念來自何處，以及利用腳注回應我知道有些讀者可能會懷有的反對意見等等。我所面臨的問題，基本上就是我的寫作對象包括兩群明顯不同的讀者：其中一群人雖然熱衷這些議題，對於傳統的學術闡釋卻是興趣缺缺；另外一群人則是會認為這本書如果沒有那些詳細闡釋，在智識上就不夠嚴謹。

我後來想出的解決方法，就是把這本書分為兩部分。這兩個部分的章節名稱都一模一樣，但第一部分幾乎完全沒有參考文獻、沒有腳注、對於個別觀念的由來幾乎不予討論，而且就算是為了釐清論點而不得不探討相關的辯論或反對觀點，也是盡量保持簡短。在第二部分，每一章的開頭都會以一至兩頁的篇幅概述第一部分的同一章節當中的基本論點，然後再探究第一部分省略的那些學術議題。我的目標是要讓第一部分仍然能夠充分反映分析中那些理論概念的複雜度，但避免各種枝節的討論以及繁瑣的學術注解。這一部分不會過度簡化必要的複雜性。維索圖書（Verso）的編輯對這個構想深感熱衷，同意把第一部分出版為一本簡短且平價的獨立書籍；第一與第二部分會各自獨立成冊，但同時出版。

我實際動手寫這本書的策略，是先為第一部分的每一章寫好草稿，同時注記需要在第二部分討論的議題。我知道我一旦開始處理第二部分的細節，終究不免會需要回頭修改第一部分。但儘管如此，我還是覺得先鋪陳出完整的分析會是比較好的做法。

到了二〇一八年三月，我已經針對頭五章寫出了我覺得相當扎實的草稿。本書核心重點的第三章：「反資本主義的各種類型」，經歷了許多修改，也以各種不同形式發表於數十場公開演說中。第一、二、四章和我在《真實烏托邦》所寫的內容都有很密切的關係，我覺得這幾章也論述得相當完善。尤其第四章主要是濃縮那本書第五到七章的內容。談論國家問題的第五章，探究我在前一本書裡沒有系統性討論但在其他地方寫過的議題，所以我覺得這一章也沒什麼問題。第六章還沒有動筆。這一章探討的議題，我還不曾以條理分明的方式徹底探究過——也就是如何形成能夠以有效的政治行動轉變資本主義的集體行動者。我想，就算我在這項至關重要的主題上提不出什麼特別具有原創性的看法，至少也能夠釐清其中牽涉的議題。

我在四月初診斷出急性骨髓性白血病。這種疾病不能靠著長時間的間歇性治療加以控制，唯一的策略就是進行骨髓幹細胞移植。移植手術如果成功，我就能夠康復；如果不成功，我就性命不保。存活的機會不算渺茫，但是充滿了不確定性。

我得知這項診斷之後，就聯絡了維索圖書，向他們說明我的狀況。移植手術本身還要過幾個月之後才會進行——我必須先接受幾回合的化療，為移植手術做準備——因此我希望可以在這段時間寫出第六章的草稿。我提議在我完成手稿之後，就先把第一部分出版為一本小書，不必等待第二部分。如果一切順利，移植手術成功，那麼我未來還是可以繼續寫第二部分，假如這項寫作計畫屆時看起來還值得進行的話。

現在是七月底。儘管我很想完成這本書，但撰寫第六章實在是一大挑戰。有些時候，我可以打起精神集中注意力寫上幾個小時，但也有很多個日子根本沒辦法做到這一點。這一章雖然沒有經過我的寫作當中向來不可或缺的公開與私下對話，但我認為其中的內容已達到所需的目的。

最後要提一下本書的書名：《如何在二十一世紀反對資本主義》。在這本書裡，我鼓吹民主市場社會主義，一般都視之為一種激進型態的經濟民主。所以，這本書其實也可以取名為「如何在二十一世紀推動民主社會主義」。我決定使用「反對資本主義」

這個涵蓋範圍比較廣的詞語，原因是本書的許多論點對於反對資本主義但仍對社會主義抱持懷疑態度的人士也都值得參考。面對資本主義之後的下一個可行的目的地，我希望自己的論點至少能夠說服一些人認定激進的社會主義經濟民主是最好的思考方式，但我不希望這本書看起來只適合早已同意這項觀點的人士閱讀。

艾瑞克·歐林·萊特

寫於威斯康辛州麥迪遜

二〇一八年八月

1 爲什麼要反對資本主義?

對許多人而言，反資本主義這樣的觀念看起來相當荒謬。畢竟，看看資本主義的企業近年來在物品與服務方面的各種美妙科技創新：智慧型手機與串流電影；無人駕駛車輛與社群媒體；無數疾病的療法；美式足球比賽場上的超大螢幕以及可讓世界各地眾多玩家一同連線的電玩；網路上各式各樣可供快速遞送到家的消費產品；新式自動科技對勞動生產力造成的驚人提升；如此種種列舉不盡。此外，資本主義經濟體當中的所得雖然確實分配不均，但同樣無可否認的是，對於幾乎各地的一般人乃至窮人而言，買得到也負擔得起的消費物品也出現了大幅增加。單單比較美國在一九六八至二〇一八年這半個世紀之間的變化：在這五十年間，美國人口當中擁有冷氣機、汽車、洗衣機、洗碗機、電視機與自來水的百分比都出現極大幅度的增加。平均壽命對於大多數類別的人口而言都比以往更長；嬰兒死亡率也比以往更低。這樣的例子實在是無窮無盡。到了二十一世紀的現在，甚至連世界上最貧窮的區域也出現了這種基本生活水準的改善：看看中國人民的物質生活水準在該國擁抱自由市場之後所出現的提升。更重要的是，看看俄國與中國當初嘗試資本主義以外的道路，結果落入了什麼樣的下場！除了政治上的壓迫與殘暴之外，那些政權在經濟上也大為失敗。所以，你如果關注人類生活的改善，怎麼可能反對資本主義？

這是一種說法，也是一般的標準說法。

以下是另一種說法：資本主義的正字標記就是富庶當中的貧窮。這不是資本主義唯一的問題，卻是資本主義經濟體當中最嚴重的缺點。尤其是富裕社會裡的兒童貧窮現象，更應該受到道德上的譴責，因為那些兒童的困境清楚可見不是自己造成的結果，而且那些社會又明明能夠輕易消除這樣的貧窮。沒錯，經濟成長、科技創新、生產力提升，以及消費物品的向下擴散等情形都確實存在，但隨著資本經濟成長，也有許多人因為生計遭到資本主義的進展所摧毀而陷入貧困。身在資本主義勞動市場底層的人口處境危殆，大多數人也都只能從事令人麻木的枯燥工作。資本主義造就了生產力的大幅提升，也為少數人帶來過多的財富，但許多人卻仍然入不敷出。資本主義雖是一部成長機器，卻也是一部強化不平等的機器。更重要的是，在對於利潤無止盡的追求之下，我們也愈來愈明白可以看出資本主義正在摧殘環境。而且不管怎麼說，真正的關鍵議題也不是資本主義經濟體當中的平均物質條件長期下來是否有所改善，而是從歷史中的當下這個時刻往前看，採取另一種經濟體制是不是能夠讓大多數人的生活過得更好。二十世紀的俄國與中國所採行的那種中央化威權國有經濟，在許多面向上的確都是經濟失敗，但我們不是只有這樣的選擇。

這兩種說法都是植基在資本主義的現實之上。資本主義轉變了世人的物質生活條件，也大幅提升人類生產力，這種情形並不是幻象，許多人確實都因此受益。但同樣的，資本主義帶來巨大傷害，並且導致可以消除的人類苦難長久存續，這樣的情形也同樣不是幻象。真正的歧見——而且是一種根本上的歧見——在於是不是有可能享有資本主義當中的那種生產力、創新與活力，但不必承受那些傷害。柴契爾夫人在一九八〇年代初期曾經提出這項著名的宣示：「沒有第二條路」；二十年後，世界社會論壇則是宣告指出：「另一種世界有可能實現。」這就是最根本的爭論所在。

本書的中心論點是：第一，另一種世界確實有可能實現。第二，這種世界有可能為大多數人改善獲得美滿人生的條件。第三，這種新世界的元素在當下的世界裡已經創造出來了。最後，我們確實有方法能夠從當下的世界前往那種新世界。反對資本主義不僅可以是面對當前這個世界上種種傷害與不公的一種道德立場，也是一種務實的立場，可以促使我們建立一種不同的世界，讓人類獲得更美滿的生活。

本章將會為這項論點奠定基礎，首先解釋我所謂的「資本主義」是什麼意思，接著再探討評估資本主義這種經濟體系的根據。

資本主義是什麼？

如同其他在日常生活與學術研究當中使用的許多概念，「資本主義」也有許多不同的定義方法。對許多人而言，資本主義就等於市場經濟：在這樣的經濟體系當中，人會生產物品，然後透過自願性的協議賣給別人。另外有些人會在「市場」前面加上「自由」一詞，強調資本主義這種經濟體系裡的市場交易只受到國家最低限度的規範管制。另外還有些人則是強調資本主義的特色不僅在於市場，也在於私有資本。社會學家，尤其是受到馬克思傳統影響的社會學家，通常還會再加上一項概念，認為資本主義帶有一種特殊的階級結構，也就是經濟體系裡實際從事工作的人口（勞動階級）本身並不擁有生產工具。這種觀點暗示了經濟體系裡至少有兩個基本階級，一個是擁有生產工具的資產階級，另一個是擔任員工而提供勞力的勞動階級。

在本書當中，我使用資本主義這個詞語同時指涉前述這兩種觀點，也就是把資本主義視為市場經濟，以及認為資本主義是透過一種特定的階級結構安排而成。對於這項組合的一種思考方法是：市場層面指出了經濟體系對於經濟活動的基本協調機制（透過去中心化的自願交易、供需以及價格加以協調），階級結構則是指出經濟體系當中的核心權力關係（也就是資本的私人擁有者與勞工之間的權力關係）。以這種方法闡釋這項概念，就表示我們不需要資本主義也一樣可以有市場。舉例來說，我們可以有生產工具國有的市場：企業由國家擁有，並且由國家分配資源，不論是採取直接投資還是透過國營銀行貸款的方式。這種體系可以稱為**國家式市場經濟**（但有些人稱之為「國家資本主義」）。或者，市場經濟當中的企業也可以是各種不同形式的合作組織，由其員工與顧客擁有以及管理。透過這類組織安排而成的市場經濟，可以稱為**合作式市場經濟**。相對於這兩種市場經濟，資本主義市場經濟的獨特特徵就是資本的私人擁有者在企業與整個經濟體系當中所握有的權力。

反對資本主義的理由

資本主義會產生反資本主義者。在某些時代與地點，對於資本主義的反抗會集結成條理清晰的意識形態，對傷害的來源提出系統性的診斷，並且對於該怎麼消除這些傷害開出明白的藥方。在其他情境下，反資本主義則是潛藏在表面上看來與資本主義沒什麼關係的動機當中，例如有些宗教信仰帶領信徒揚棄現代化，而生活在與外界隔絕的社群當中。有時候，反資本主義的表現形式是工廠裡的個別勞工抗拒上司的要求；另外有些時候則是體現於勞工組織針對工作條件所發動的集體抗爭。總之，只要有資本主義存在，就一定也會有某種形式的不滿與反抗。

這些發生在資本主義裡面並且以資本主義為對象的種種不同形式的抗爭，其中帶有兩種一般性的動機：**階級利益**與**道德價值**。你反對資本主義可以是因為資本主義損害了你自己的物質利益，但也可以是因為資本主義違背了你重視的特定道德價值。

一九七〇年代晚期有一張海報，一名勞動階級女子倚靠在一道圍牆上。海報上的文字寫著：「階級意識就是知道自己身在圍牆的哪一邊；階級分析則是找出有哪些人和你一樣身在那裡。」圍牆的比喻，就是把資本主義的衝突視為植基於階級利益的衝突。

身在圍牆的兩側，界定了基於相互對立的利益而形成的朋友與敵人。有些人也許騎在圍牆上，但他們終究可能還是必須做出選擇：「你如果不和我們站在一起，就是我們的敵人。」在某些歷史情境中，界定圍牆的利益很容易看得出來。幾乎所有人都可以明白看出在南北戰爭之前的美國，奴隸深受奴隸制度傷害，因此廢止奴隸制度合乎他們的階級利益，而維繫奴隸制度則是符合奴隸主的利益。有些奴隸主也許對擁有奴隸懷有矛盾的心情（例如傑佛遜就是如此），但這種矛盾不是來自於他們的階級利益，而是來自於那些利益與他們抱持的某些道德價值之間的緊張關係。

在當代的資本主義當中，情況則是複雜得多，對於資本主義的階級利益究竟該怎麼理解，並不是那麼明白可見。當然，有些類別的人面對資本主義的物質利益極為清楚明白：對於龐大財富的持有者以及跨國企業的執行長而言，捍衛資本主義顯然對他們有利；至於血汗工廠的工人、低技術勞工、財務不穩定的勞工以及長期失業者，則是反對資本主義才合乎自己的利益。不過，對於資本主義經濟體系當中的其他許多人來說，事情卻沒有這麼直截了當。例如受過高度教育的專業人士、經理人，以及許多自營作業者，就處於我所謂的**階級關係當中的矛盾位置**，因此對於資本主義懷有頗為複雜而且經常反覆不一的利益。

世界上如果只有兩個分別身在圍牆兩側的階級，那麼把反資本主義完全奠基在階級利益上也許就已足夠。基本上，這就是古典馬克思主義看待這個問題的方式：就算階級結構當中存在著複雜性，資本主義的長期動態也還是會在這些階級中造就出支持或反對資本主義的鮮明利益。在這樣的世界裡，階級意識主要就是理解世界如何運作，以及這種運作方式如何犧牲某些階級以迎合其他階級的物質利益。古典馬克思主義的論點認為，勞工一旦理解了這一點，就會反對資本主義。許多馬克思主義者之所以主張沒有必要從社會正義與道德缺陷的角度對資本主義提出系統性的批判，其中一個原因就在於此。只要呈現出資本主義有害大眾的利益就已足夠，不需要再證明資本主義的不公正性質。我們不需要說服勞工認定資本主義並不公正或者違反道德原則；唯一需要做的，就是以強而有力的診斷指出**他們**遭受的嚴重損害源自資本主義，讓他們知道資本主義違反他們的物質利益，而且他們可以採取行動改變這一點。

這種純粹奠基於階級利益之上的反資本主義論點不適用於二十一世紀，而且可能也從來都不是一項完全充足的論點。這裡其實涉及三個議題。

第一，由於階級利益的複雜性，因此一定會有許多人的利益不是明確落在圍牆的某一側。這些人是否願意支持反資本主義的倡議，有一部分將會取決於其中涉及其他哪些價值。由於這些人的支持對於任何克服資本主義的可行策略而言都相當重要，因此也就必須把反資本主義聯盟的部分基礎建立在價值觀之上，而不只是標舉階級利益。

第二，事實是大多數人都至少在一定程度上會受到道德關懷所驅使，而不是只單純關注實際的經濟利益。即便是對那些階級利益十分明確的人而言，基於道德關懷的動機也可能深具重要性。人經常會做出違反自身階級利益的行為，原因不是他們不瞭解自己的利益，而是因為他們更重視其他價值。歷史上最著名的其中一個案例是馬克思的密切合作夥伴恩格斯。他雖是一個富有的資本主義製造商的兒子，卻全心支持反資本主義的政治運動。十九世紀美國北方的廢奴主義者之所以反對奴隸制度，也不是因為這樣合乎他們的階級利益，而是因為他們認定奴役是錯的。就算是反資本主義合乎自身階級利益的人，也還是需要奠基於價值之上的動機，才能維繫自己對於追求社會變革的投入。

最後，在思考各種資本主義替代方案是否值得追求之時，價值的釐清絕對是必要的。我們需要有個方法能夠不只是評估資本主義出了什麼問題，同時也評估替代方案有什麼可取之處。假如有一天我們真的能夠打造那個不同的世界，也必須要有具體的標準可以評估那套替代方案對這些價值有多少程度的實現。

因此，辨識資本主義究竟如何損害了特定類別人士的物質利益雖然非常重要，但也必須釐清我們到底希望經濟體系促進哪些價值。本章接下來就要探究構成反資本主義道德基礎的價值，並且尋求更佳的替代方案。

規範基礎

針對資本主義的道德批判有三組核心價值：平等／公平，民主／自由，以及社群／團結。這些價值在社會抗爭當中歷史悠久，至少可以追溯到法國大革命標舉的自由、平等、博愛這三個理想。不過，這些價值的意義也備受爭論。大概沒有人會說自己反對民主、自由，或者某種定義下的平等，但對於這些詞語指涉的真正內容，眾人的歧見還是極為強烈。這類爭論使得政治哲學家非常忙碌。我在此處不打算整理這些辯論，而是要陳述那些能夠讓批判資本主義的論點顯得清晰明確的價值。

平等／公平

平等的觀念存在於幾乎所有社會正義概念的核心。就連強調財產權的自由放任主

這句話涵蓋了許多內容，且讓我們拆解開來一一檢視。

首先，「大致平等的**管道**」這項概念反映了平等主義原則。這項概念與平等**機會**有點不同。舉例而言，抽獎即可滿足平等機會的要求，但這種做法絕對算不上是讓人獲得美滿人生的公平方式。平等機會也表示主要問題在於人應該擁有所謂的「起跑點平等」：只要你在一開始擁有平等的機會，那麼如果你後來浪擲了自己的機會，就只能說一句可惜。這是你自己的錯，所以你沒得抱怨。「平等管道」則是對人類境況採取一種比較寬容也比較富有同情心的觀點。此外，這種觀點在社會與心理方面也比較務實。人總是不免會有搞砸的時候。青少年可能會因為目光短淺而做出愚蠢的決定，隨機發生的事件和運氣也可能在每個人的人生中扮演巨大的角色，不論帶來的結果是好是壞。一個人就算認真工作，克服了巨大的障礙，並且在人生中達成極大的成就，這樣的成功也還是有一大部分必須歸功於隨機出現的好運。實際上根本不可能明白劃分個人必須真正負起責任以及不需負責的事物。在一個公正的社會裡，所有人在一生中都應該在可能範圍內的最大程度上，能夠對建構美滿生活所需的條件擁有平等的獲取管道：這種觀念就是認知到了人生中的這些社會與心理現實。機會平等的觀念當然還是有其價值，但從社會學的角度來看，平等管道才是理解平等主義理想比較恰當的方式。

接著來看看「美滿」的概念。不管是哲學家還是一般人，對於一個人的生活過得好不好都有許多不同的解讀方式。幸福是其中一種衡量標準。一般而言，一個人如果活得幸福，大多數人就都會說這個人的生活過得比以前好，而且促進人幸福的制度也比阻礙幸福的制度來得好。追求幸福的權利鄭重記載於美國獨立宣言裡，就證明了幸福的重要性。有意義或者充實的人生是另一種標準。有些哲學家則談及人的福祉或安康。所有這些觀念都互相連結。畢竟，一個人如果覺得自己的人生沒有意義，實在很難想像這個人會真正感到幸福。

我用**美滿**人生的概念代表一個人生活順遂的整體狀態。所謂的美滿人生，就是人的能力與天賦都獲得充分發展，而得以追求自己的人生目標，因此在某種一般性的意義上，他們都能夠實現自己的潛力與目標。我們很容易就能看出這在人的健康與生理狀況方面代表什麼意義：美滿的人生不僅是沒有疾病，同時也包含了一種積極的概念，也就是能夠讓人在世界上過著活躍生活的身體活力。同樣的，在人生的其他面向，美滿也隱含了個人能力獲得積極充分的實現，而不只是沒有嚴重缺陷而已。

我想，我們在思考公正社會的時候，不論是聚焦於幸福、福祉、意義、充實，還是美滿，在實際上並不會有太大的差別。這些東西全都深深互相關聯，而只要對其中一項的實現有所幫助，幾乎就可以確定對於其他面向也都一樣會有幫助。

平等的價值不是指公正社會當中的所有人都能夠擁有同樣美滿的生活，而是說所有人對於追求美滿人生**所需的社會與物質工具**，都擁有平等的獲取**管道**。在一個公正的社會裡，任何人如果沒有達到美滿的人生，都不能抱怨說是自己生活於其中的社會制度與社會結構阻礙了他們取得獲致美滿人生所需的物質與社會條件。

達到美滿人生所需的**物質工具**，自然會隨著時間與地點的不同而出現極大差異，但大體上來說，這些工具包括足夠的飲食、居所、服裝、移動能力、休閒娛樂、醫療照護與教育等等。在市場經濟裡，這就表示人有足夠的所得能夠購買許多這些東西，但不表示每個人都應該擁有同等的所得。人因為種種原因而有不同的需求，因此對於達成美滿人生所需的物質工具擁有平等的獲取管道，代表的即是能夠獲取不同程度的所得。這就是為什麼古典社會主義分配原則主張「給予每個人各自需要的東西」，而不是「給予每個人相同的東西」。

達成美滿人生所需的**社會工具**比物質工具複雜，而且只要談到社會工具，幾乎都不免涉及爭議性的項目。在我看來，達成美滿人生所需的社會工具至少包含以下這幾項：有意義而且充實的活動，通常與一般所謂的「工作」有所關聯；親密關係與社會連結；能夠在有意義的層面上掌控自己人生的自主能力；還有社會尊重，或是有些哲學家所謂的社會認可。涉及種族、性別、性取向、外表、宗教信仰、語言、族裔，以及其他個人顯著特質的社會汙名，不但可能阻擋人取得獲致美滿人生所需的物質工具，也會阻礙人達成美滿的人生。在公正的社會裡，所有人對於這些促成美滿人生的社會條件都擁有平等的取得管道。

平等主義的公平原則要求非常高。這項原則主張在公正的社會裡，「**所有人**」都應該擁有平等的取得管道，而不是只有部分種類的人。在取得獲致美滿人生所需的條件上如有任何不平等，不論這樣的不平等是基於種族、性別、階級、生理能力、宗教信仰，還是族裔，都算是不公正的情形。可是，國籍或公民身分又怎麼說呢？「社會」一詞指的是「民族國家」，還是一群相互合作並且彼此互動的人民所組成的社會體系？在全球化的經濟當中，所謂的「一個」社會這種概念顯得頗為模稜兩可。整個世界算不算是公平原則所適用的「社會」？這不是一個容易回答的問題，但在平等與公平價值最強烈的形式裡，範圍應當涵蓋所有的人，不論那些人恰好出生或居住在什麼地方：有些人只因為運氣不好，在一條國界上生錯了邊，對於達成美滿人生所需的條件所享有的取得管道就大幅減少，這絕對是一種不公正的情形。這點隱含的意義，就是以平等／公平的價值而言，人應該可以搬遷到他們想要的任何地方，而且正義的原則應該不論在何處都適用。不過，這麼說並沒有回答這個實務上的問題：面對這種不正義，究竟可以或者應該採取什麼作為？實務上也許不可能矯正國界或公民身分造成的不正義現象，原因可能是這麼做所面臨的政治障礙太過巨大，或是消除國界帶來的負面副作用不免損及其他重要價值。不過，我們無法解決這個問題的事實，並不表示就平等／公平的價值而言，公民身分對於平等取得管道所造成的障礙是公正的情形。

關於平等／公平價值的最後一個議題，是這種價值與自然環境之間的關係。此處有兩項彼此相連的議題。第一項議題涉及所謂的「環境正義」——也就是環境傷害造成的負擔在社會裡的分配狀態。平等／公平的價值隱含了這樣的立場：有毒廢棄物、汙染，以及其他環境傷害造成的健康負擔，如果超乎比例的絕大部分都是由貧窮與少數群體承受，那麼這就是一種不公正的情形。同樣的，全球暖化造成的有害影響如果都集中在貧窮國家身上，也是不公正的情形。除此之外，還有一項事實又進一步加深了這種不公正性，就是導致全球暖化的碳排放主要都來自於富裕國家當中的活動。因此，這樣界定之下的環境正義，對於美滿人生所需的物質條件享有平等取得管道而言，乃是另一個額外的重要面向。

第二項議題涉及目前的行為對未來環境狀況的影響。我們對於未來世代能否取得美滿人生所需的環境條件，是否應該投以特別的考慮？還是說公平的概念只適用於取得管道在當今生活於世界上的人口之間的分配？這項議題在全球暖化方面尤其重要，因為全球暖化最嚴重的負面後果將會對未來世代造成影響。這項與環境傷害有關的未來導向議題，可以視為一個**跨世代正義**的問題：

> 未來世代對於享有美滿人生所需的社會與物質工具，應該擁有與當今世代至少同等的取得管道。

這是環境永續當中深具道德重要性的議題：之所以要關注環境長期惡化的問題，主要原因就是這種情形會損及未來人類生活的美滿。這樣對未來的世代不公平。

民主／自由

我還要加入民主與自由這兩種價值。一般人經常認為這兩者彼此相異，甚至具有緊張關係：自由是能夠做你想做的事而不受到干涉，民主則是把約束規則施加在所有人身上的過程。尤其是我們如果把民主狹義界定為多數決，那麼多數絕對有可能強制施行踐踏少數群體自由的約束規則。

既然如此，我為什麼認為民主與自由緊密相連？我之所以這麼認為，原因是這兩種觀念都反映了一種核心的潛在價值，也許可以稱之為**自我決定的價值**：

在完全民主的社會裡，所有人對於有意義地參與影響自身生活的決策所需的必要工具，都享有大致相等的取得管道。

一項決策影響的對象如果只有我一個人，那麼我就應該要能夠在不受別人干涉的情況下做出這項決策。這就是我們所謂的自由：能夠做自己想做的事，而不需請求別人同意，也不受別人干涉。不過，一項決策如果會影響別人，那麼那些人就也應該要能夠參與這項決策，或者至少同意讓我在沒有他們參與的情況下做出決策。特別重要的，是會對所有人施加強制約束規定的決策。這類決策由國家做成，而所有受到影響的人都應該要能夠有意義地參與這些規則的制定。這就是我們一般所謂的民主：「由人民」控制國家權力的使用。不過，民主**社會**（而不只是民主國家）隱含的意義不僅止於此，而是要求人民應該能夠有意義地參與所有對他們的生活造成重大影響的決策，不論那些決策是在國家還是其他種類的機構當中做成。民主的職場、民主的大學，以及民主的家庭，都和民主的國家一樣屬於民主社會的一部分。

依照這樣的論述，自決的根本概念就是人應該要在可能範圍內的最大程度上決定自己生活的條件。因此，自由與民主的差別在於影響個人生活的行為所帶有的背景條件，而不在於背後的價值本身。再次強調，自由的背景條件是只對決策者自己造成影響的決策與行為；民主的背景條件則是會影響別人的決策與行為。

在實務上，一個人能夠做出的所有決策與行為，幾乎都不免對別人造成影響。因此，實際上不可能讓每個人都參與每一項對他們造成影響的決策。此外，一個社會如果試圖邁向如此全面性的民主參與，也未免過於駭人聽聞。因此，我們需要的是一套規則，在自由的背景條件與民主的背景條件之間，界定出能夠獲得社會接受的界線。有一種談論這件事的概念，就是**私**領域和**公**領域之間的界線。在私領域當中，個人可以自由做自己想做的事，而不必向那些受到影響的人提供民主參與的機會；在公領域當中，所有受到一項決策直接或間接影響的人，則是都會獲邀參與決策的制定。

這條劃分私領域和公領域的界線，完全不是自然或者自發出現的，而是必須透過某種社會過程創造出來。明顯可見，這是一項非常複雜而且經常深受爭論的工作。長久以來關於性取向、墮胎與避孕的政治對抗，都涉及這條公私領域之間的界線：一邊是性與身體這個完全屬於私人的領域，每個人在這個領域裡都可以自由做決定；另一邊則是公共的領域，社會裡的眾人可以正當加以干預，尤其是透過國家規範。有些界線受到國家積極落實，有些則主要透過社會規範加以落實。公私領域之間的界線經常模糊不清。在深度民主的社會裡，公私領域之間的界線本身就必須受到民主審議與決定。

民主與自由本身都是價值，但也是實現其他價值的工具。自決本身對於追求美滿人生尤其重要。一如公平，民主理想也奠基在對於享有美滿人生所需的必要工具擁有平等取得管道的這項平等主義原則上：也就是能夠有意義地參與決策的制定；簡單說，就是平等參與權力的行使。這麼說並不表示所有人確實都會平等參與集體決策，而只是說他們的參與不會遭到不平等的社會障礙所攔阻。

社群／團結

與反資本主義相關的第三項存在已久的價值，是社群以及與之緊密相關的團結這項觀念：

社群／團結表達了人應當互相合作的原則，不僅是因為他們個人能夠從中得到好處，也是因為他們真心關注別人的福祉，並且認為自己有這麼做的道德義務。

這樣的合作如果發生在平凡的日常活動當中，由人彼此幫忙，我們就以「社群」一詞加以描述；這樣的合作如果是發生在為了達成一項共同目標的集體行動中，我們就使用「團結」這個字眼。一般來說，團結也代表集體力量的概念——「團結則立，分裂則亡」——但這種團結仍然植基於和社群共有的這項原則當中：合作的動機不該僅是來自於對個人自我利益的工具性考量，而是應該結合道德義務以及對別人的關懷。

社群價值適用於任何一種成員彼此互動與合作的社會單位。在這層意義底下，家庭是一種特別重要的社群。在一個健康的家庭裡，我們無疑預期合作會植基於愛與道德關懷當中。想像這麼一個家庭：父母對子女的「投資」完全不是因為他們關懷子女的福祉，而純粹只是因為他們認為自己能夠從這樣的投資當中獲得良好的財務報酬。在大多數人眼中，這種態度違反了重要的家庭價值。宗教支持的道德準則，經常體現社群與團結的價值：例如「愛人如己」與「己所欲，施於人」。勞工運動當中那句發自內心的口號：「傷一人即傷全體」，就表達了這種價值。鄰里、城市、國家、組織、社團，以及其他任何社會互動與合作的環境，全都是社群價值可能會出現的地點。

當然，社群價值的重要性會隨著時間與空間而出現極大的差異。如同經常有人提到的，在發生自然災害的時候，身在受災地區的人經常會以驚人而且不惜犧牲自我的方式互相幫助。戰時所謂的「愛國心」，也可能充滿對於國家的愛與責任感，而這兩者都與社群和團結的價值有關。在平常時期，大多數人可能對身在遠方的陌生人感受不到什麼社群價值。

社群／團結之所以有價值，原因是這種元素和美滿人生有所關聯，也因為這種元素有助於促成平等與民主。所謂對於美好社會的「社群主義」觀點，強調的是社會聯繫與互惠對於人類福祉的重要性。社群感如果夠強，人就會比較不那麼脆弱，在這個世界上會覺得比較自在，也會覺得人生有比較明確的目的與意義。強烈的社群感，是美滿人生的要素之一。

社群／團結對於平等與民主也相當重要。你如果對一個社會空間當中所有人的福祉都懷有強烈的關懷與道德義務，那麼就會比較容易認同這些人都應該對於美滿人生所需的必要條件擁有平等的取得管道。這就是為什麼在家庭裡，子女之間的分配原則通常都相當接近於「給予每個人各自需要的東西」。在大型政治單位當中的這種社群感愈是強烈，就愈有可能產生穩定的平等主義式重分配公共政策。同樣的，民主價值在社群感強烈的政治單位當中也比較有可能獲得更徹底的實現。在一個社會世界裡，如果眾人都不怎麼關懷同胞的福祉，而且政治安排完全以利益團體為中心，政治民主絕對還是有可能存在，只是這種民主的品質大概會很薄弱，沒有什麼空間可以對公共利益以及尋求廣泛共識進行認真的公共討論。

不過，社群／團結價值有其黑暗面。強烈的社群感有可能會在內部成員與外部人士之間界定出僵固的界線。這種精神也許會在內部成員之間培養出一定程度的平等主義價值，卻也可能支持以壓迫性的手法排除外人。民族主義經常就是以這種方式運作。與團結不但可以強化民權運動的集體抗爭能力，也同樣可以強化三K黨的這種能力。與社群相關的正面價值，諸如關懷別人以及對別人負有義務，也有可能與從眾以及服從權威等社會規範結合，因此對社會群體內部的壓迫與專制關係給予支持，而不只是對外人如此。所以，社群和團結不但有可能促進民主與人類生活的美滿，也有可能對這兩者造成阻礙。因此，社群價值雖然確實存在於解放理想當中，但要怎麼予以評價，

2 診斷以及評價資本主義

反資本主義在很大的程度上奠基於這項主張：資本主義這種安排經濟體系的方式，阻礙了平等／公平、民主／自由與社群／團結等價值的充分實現。當然，資本主義還受到其他的批評。舉例而言，有些人認為資本主義損及所有人的美滿人生，不管是富人與窮人、資本家與勞工都不例外。畢竟，有錢有勢的人也同樣逃不過不間斷的競爭與市場所帶來的異化壓力。一項常見的批評是資本主義不理性，會造成不穩定與浪費，而這點本身就是一件壞事，更遑論這種情形對於某些階級的人口所帶來的傷害還會比其他階級更大。許多環保人士主張資本主義不只是對環境惡化的傷害做出不公平的分配，而且所有人也必須共同承擔環境遭到破壞的後果。此外，資本主義也透過軍國主義與帝國主義連結而成的這種全球經濟宰制形式，而深深涉入軍事侵略當中。這些全都是重要的批評論點，並且分別在不同的時間與地點對於激起反資本主義扮演了決定性的角色。不過，我們在此處主要聚焦的批評論點，則是關乎反資本主義抗爭最深層的價值：也就是平等、民主與社群。

平等／公平

資本主義先天就會對美滿人生所需的物質與社會條件產生極度不平等的取得管道。對於物質條件方面的不平等，反對的理由有二。第一，而且也是最直接的反對理由，就是所得與財富在所有資本主義經濟當中的不平等程度全面違反了社會正義的平等主義原則。就算我們採取平等機會這種比較寬鬆的概念（而不是對美滿人生所需的條件擁有平等取得管道），資本主義經濟也還是從來不曾接近過那樣的標準：在世界各地，兒童只要是生活在所得與財富分配金字塔頂端的家庭，在人生中擁有的機會就遠遠大於別人。在世界各地，所有人都要面對以資本主義方式安排經濟所造成的優勢與劣勢，而這些優勢與劣勢都不是他們自己造成的結果。第二，資本主義造成的不平等程度極大，以致有些人對於美滿人生所需的條件不僅無法享有平等的取得管道，而且根本就徹底遭到剝奪。即便是在極度富裕的資本主義經濟體當中，例如美國，也還是有數以百萬計的人口過著經濟危殆的生活：他們深受饑餓與貧窮造成的健康不良所苦，居住在不安全的鄰里當中，並且背負著貧窮帶來的社會屈辱與汙名。這些型態的人類苦難都可以消除，但資本主義卻使其長久存續下去。

在資本主義當中，高度的經濟不平等不是意外造成的結果，而是原本就存在於其基本運作機制當中。這裡面有三項廣泛的議題：第一項涉及資本主義當中的資本與勞動的核心關係；第二項涉及資本主義市場當中的競爭與風險的本質；第三項涉及經濟成長與科技變革的動態過程。

階級與剝削

資本主義的核心存在著一項鮮明的不平等，一方是擁有資本的人，另一方則是沒有資本的人。這種不平等造就了當前的這種勞動市場，也就是絕大多數的人口都必須為了謀生而尋求有薪工作。勞動市場的大多數參與者對於工作的需求，都遠高於雇主對於勞動力的需求。如此造成的結果，就是資本與勞動之間存在著一種先天的權力不平衡。在目前這種全球化的經濟體系裡，資本可以在世界各地輕易移動，找尋最有利的投資地點，但勞動力則比資本更需要扎根於特定地點，於是這種權力不平衡也就受到進一步強化，造成一種非常獨特的經濟不平等：剝削。在剝削情形存在的地方，不只是有些人比較富裕，有些人比較困苦而已；剝削還隱含了這兩種狀況之間存在著因果關係：富人之所以富有，部分原因就是來自於窮人的貧窮。資本擁有者的所得，有一部分就是剝削勞工的勞動力所帶來的結果。

競爭與風險

資本與勞動的不平等，是資本主義當中最根本的不平等情形，但所得不平等有一大部分都發生在資本主義的勞動市場內。市場競爭的本質會使得優勢與劣勢隨著時間過去而不斷累積，逐漸拉大個人之間原本存在的不平等。世界上有贏家與輸家，而只要曾經贏過，往後就會更容易贏。資本主義公司之間的競爭是如此，勞動市場當中的競爭也是如此。除此之外，資本主義的脆弱性以及週期性危機，對於勞工以及所得分配底層的人口所造成的衝擊也通常大於生活比較優渥的人口。富人遠比窮人能夠針對風險採取預防措施。

破壞性經濟成長

資本主義經濟發展的動態，還有另一項造就不平等的程序。資本主義式的競爭對公司造成相當大的創新壓力，包括對生產過程以及產品與服務的創新。這當然是資本主義的一大魅力，而且可能也是為資本主義辯護的論點的中心特徵。問題是這種活力經常導致工作職務消失，有時甚至也會導致整個就業部門消失。如果被迫失業的勞工可以立刻重新接受訓練，並且搬遷到別的地方去從事適合其技能與天賦的工作，那麼這種情形可能就不會是太大的問題。然而，訓練需要花費時間與資源，而且人的生活也都纏繞於社會網絡與人際關係當中，因此搬遷經常是一件成本高昂而且困難的事情。被迫失業的勞工就算真的重新接受了訓練，並且搬到他們認為自己可以找得到工作的地方，也還是完全沒有保證新工作的種類與數目能夠吻合找尋這些工作的勞工人數。資本主義發展雖然確實會創造新工作，而且其中有些工作的報酬也相當好，資本主義本身卻沒有一道程序可讓因為工作消失而被迫失業的人轉變為能夠勝任新工作的人。這種情形造成的結果，就是在資本主義發展過程當中的贏家與輸家之間形成巨大的不平等。在開創出新種類工作的同時，也伴隨著被迫失業的勞工遭到邊緣化以及陷入貧困的悲劇。

資本主義造成的那種不公正的不平等，不僅限於所得與財富。資本主義在美滿人生所需的社會條件方面也會造成嚴重的不平等。此處特別重要的一點，就是能否取得有意義而且具有充實感的工作。資本主義企業產生的大多數工作都極為枯燥乏味，就算那些工作能夠為人帶來足夠的所得也是如此。當然，在生產物品與服務的過程中，絕對不免會有些無聊而且不討喜的工作必須要做。問題在於有趣又具有充實感的活動與對人造成負擔的工作分配得極不平等。在分配這類負擔上，資本主義會造成嚴重的不平等。

這些過程並不表示在受到資本主義支配的經濟當中，我們對於這套體系產生的不平等情形完全無能為力。在某些時間與地點，這些過程造成的不平等曾經受到大幅削減。這種成果包含在我們將於第三章稱為「馴服資本主義」的做法當中。不過，要做到這樣的馴服，必須建立遵循非資本主義原則的非資本主義制度，為了降低不平等而強制干預資本主義程序，並且把資源從資本主義當中轉移給國家，以便用於施行重分配、重新訓練，以及其他形式的國家干預措施。資本主義如果不受管控，就會在生活的物質與社會條件方面不斷造成不平等，不但違反平等／公平的價值，也會為許多人的生活帶來真正的苦難。

民主／自由

許多人都認為民主——尤其是自由——與資本主義深切相連。在《資本主義與自由》（*Capitalism and Freedom*）這部著作裡，傅利曼（Milton Friedman）甚至主張資本主義是實現這兩種價值的必要條件。從歷史上看來的確是如此：資本主義的興起以及後續的發展，和許多人的個人自由擴張都密切相關，也和比較民主的政治權力型態廣為傳播脫不了關係。因此，把針對資本的部分核心批評論點奠基在民主與自由的價值上，不免會讓許多人感到奇怪。

主張資本主義有害民主與自由的論點，不只是單純主張資本主義反對自由與民主，而是認為資本主義會對民主與自由價值的實現造成嚴重的赤字。資本主義會促進自由與民主的興起以及有限程度的發展，但是卻也會阻礙這兩種價值的完全實現。有五項論點尤其重要。

第一，資本主義對公領域和私領域的劃分排除了許多關鍵決策，導致大量人口無法參與民主控制。伴隨著資本私有的各種權利當中，最根本的一項也許就是在何時何地投資以及撤資的決策權。一家公司決定把生產活動從一個地方轉移到另一個地方是私人決策，但在美國關閉一家工廠並將其遷移到另一個勞動成本低廉而且環境法規寬鬆的國家，卻不免導致原本那家工廠的員工陷入生活困境，並且嚴重打擊周遭社區的房價。那些社區居民的生活雖然深受影響，但他們卻沒有權利參與那項決策。就算有人主張必須要這樣把權力集中在私人企業手中，才能夠在資本主義經濟當中對資本進行有效率的配置，但把這類決策排除於民主控制之外，無疑仍違反了這項核心民主價值：也就是人應該要能夠對影響自身生活的決策獲得有意義的參與。

第二，重大投資受到私人控制的情形，會一再產生壓力迫使公共當局制定對於資本家有利的規則。撤資與資本流動的威脅總是籠罩著公共政策的討論，所以不管是抱持什麼意識形態的政治人物，都被迫必須維持「良好的商業環境」。把某一個公民階級的利益放在其他階級前面，就是違反了民主價值。

第三，富人比不富裕的人口更容易接觸政治權力。這種情形在所有資本主義民主國家當中都存在，只是有些國家的嚴重程度高出許多而已。造成富人比較容易接觸政治權力的具體機制有各種不同形式：對競選活動捐贈政治獻金、資助遊說活動、各式各樣的菁英社交人脈、直接賄賂，以及其他形式的貪腐行為。在美國，不只富人運用私人資源追求政治目標的能力沒有受到任何有意義的限制，而且資本主義企業也是如此。這點違反了所有公民都應該擁有平等管道可以參與對於政治權力的控制這項民主原則。

第四，資本主義公司得到允許，可以把自己打造成職場上的獨裁政體。私人企業的一項關鍵權力，就是可以指使員工做事。這是勞動契約的基礎：求職者同意遵守雇主的命令，藉此換取工資。當然，雇主也可以在職場上給予員工高度的自主權，而且這種做法在某些情況下是把利潤最大化的工作安排方式。有些雇主甚至可能會基於原則而賦予員工高度的自主權，即便這麼做不會帶來利潤的最大化。不過，雇主畢竟擁有決定在什麼時候容許這種自主權的根本權力，而這點就違反了民主與自由背後的自我決定原則。

最後，資本主義當中先天存在的財富與所得不平等，會造成哲學家帕雷斯（Philippe van Parijs）所謂的「實質自由」（real freedom）的不平等。不論我們怎麼定義自由，總之自由就是擁有說「不」的能力。富有的人可以自由決定不為了賺取工資而工作，但缺乏獨立生計來源的窮人就不能夠這麼輕易拒絕就業。不過，自由的價值不僅是說不的能力，也是積極實現個人人生計畫的能力。資本主義在這方面剝奪了許多人的實質自由。富裕當中的貧窮不只讓人無法平等取得美滿人生所需的條件，也讓人無法取得自我決定所需的資源。

這些全都是資本主義這種經濟結構必然造成的後果。不過，就跟平等／公平的例子一樣，這並不表示我們在資本主義社會裡（也就是資本主義在經濟當中占有支配地位的社會）完全沒有辦法對抗這些後果。在不同的時間與地點，曾有許多人採取許多做法以減輕資本主義的反民主後果：我們可以運用各種方法對私人投資施加公共約束，藉此抹去公私之間的界線；強大的公部門與活躍的公共投資可以削弱資本流動的威脅；在選舉中限制私人財富的運用以及在政治運動中採取各種形式的公共經費補助，都能夠減少富人對於政治權力的特權接觸管道；勞動法可以透過工會強化勞工的集體力量，並且在職場中建立更有力的勞工權利，包括要求成立在職場治理當中具有影響力的員工委員會；此外，許許多多的福利國家政策也能夠為那些無從取得私人財富的人口增進實質自由。在適當的政治環境下，資本主義反民主以及阻礙自由的特徵就算沒辦法完全受到消除，至少也能夠受到一定程度的馴服。

社群／團結

資本主義會促進侵蝕社群與團結這兩種價值的動機。驅動資本主義投資與生產的動機是經濟自利。亞當・斯密在他的經典著作《國富論》裡表達了這項觀念：「我們的晚餐不是來自於屠夫、釀酒商或麵包師傅的善心，而是來自於他們對自身利益的關注。我們不是訴諸他們的人性，而是訴諸他們的自愛，也從來不會對他們談論我們的需要，而是只談他們可以得到的好處。」在〈社會主義有何不可？〉（Why Not Socialism?）這篇論文裡，哲學家柯亨（G. A. Cohen）把恐懼也列為資本主義市場的另一項中心動機：「在市場社會裡，生產活動的直接動機……通常混合了貪婪與恐懼。」在貪婪當中，他人「被視為富足的可能來源，（而在恐懼當中，他人則被視為）對於個人成功的威脅。這種看待他人的方式實在令人髮指，不論數百年來的資本主義文明讓我們對這種觀點有多麼習以為常。」

貪婪與恐懼是競爭市場的本質所造成的動機，不該被視為僅是市場裡的個人所擁有的性格特徵。一家企業的執行長個人也許相當慷慨，經常捐款支持有意義的公共計畫，從而實現了社群的價值，但還是有可能為了追求最大的利潤而決定關閉一家工廠，儘管這麼做不免對周遭社區居民的福祉造成嚴重傷害。勞工競逐工作，員工競逐晉升機會，公司則是競逐銷售額。競爭必然會產生贏家與輸家。競爭愈激烈，輸贏愈大，貪婪與恐懼這兩種運作動機就愈是會受到強化，形成資本主義的腐蝕性元素。

在這個脈絡中，「文化」指的是在一項社會情境裡，廣泛受到眾人共同抱持的信念與價值。我們可以談論家庭、職場、組織、社群，以及一整個社會的文化。文化總是充滿複雜性，也經常含有各自歧異的元素。把資本主義社會的整體文化視為純粹只是反映了資本主義的規律，無疑是一種過度簡化的觀點。但儘管如此，資本主義文化通常會確立兩類與社群和團結關係緊張的價值：**競爭式個人主義**與**私有化消費主義**。

構成競爭式個人主義的價值與信念，與人在資本主義市場當中的生活經驗深深相關。這樣的經驗包括：渴望擁有高度的競爭力，並且想要比別人更強；藉由與別人比較以衡量自我價值的社會常態；把個人必須為自己的命運負起責任而不能仰賴別人的幫助，視為重要的道德要求；把獨立視為美德，因此依賴也就蒙上了相應的汙名。在極端的案例裡，這些價值會被濃縮成直截了當的口號：貪婪是好的；把自己放在第一位；好人難出頭。不過，就算一般人揚棄這種粗陋的主張，資本主義文化的一項核心主題仍是標舉藉由競爭追求成功，就算因此必須犧牲別人的權益也在所不惜。

當然，一般人通常還是抱有與此相反的其他原則（例如「我全力守護我的兄弟」以及「愛人如己」），而且許多人至少都會在某些社會情境裡依據這些比較具有社群主義精神的價值行事。這就是文化的複雜性：彼此對立的原則與價值有可能同時並存。比較穩定的文化所帶有的一項標記，就是成功容納這些互相對立的元素。一個強健的資本主義文化達成這一點的方式，就是縮小能夠引發大多數人重視社群與團結價值的社會情境，並且擴張競爭式個人主義掛帥的情境。社群主義的價值也許適用於家庭或是一群朋友當中，但延伸到大群的人口之後，其效力就會逐漸減弱。

私有化消費主義是資本主義文化的第二項反社群主義元素。消費文化會引導人認為人生的滿足在極大程度上仰賴於不斷增加的個人消費。**私有化**消費主義把公共財與集體消費視為個人消費的降階版，而不是個人整體生活水準與生活品質的重要元素。這種注重個人私有消費的觀點，會進一步強化競爭式個人主義帶來的那種對於他人福祉冷漠以對的態度。

在資本主義社會裡，貪婪與恐懼這兩種個別動機，會與競爭式個人主義以及私有化消費主義這兩種廣泛文化型態相互作用，而造就出一個對於社群／團結價值充滿敵意的環境。傳統上，資本主義的反對者預測資本主義也會激起相反的傾向，從而強化團結。十九世紀末與二十世紀初的社會主義者無疑就是抱持著這樣的希望。他們依據馬克思的想法，認定勞動階級愈來愈高的互賴與同質性將會造成愈來愈緊密的階級團結。這麼一來，勞工社群就會成為一項轉變的基礎，終究能夠把資本主義轉型為一種植基於全民社群的新式社會。

團結現象雖然確實出現在勞動階級當中，但這些宏大的希望卻沒有實現。資本主義的動態帶來的不是勞動階級的同質化與互賴的深化，而是造成愈來愈複雜的經濟不平等型態，以及愈來愈強烈的勞動市場競爭以及零碎化。除了偶爾的例外，資本主義並未促成非資本家的大眾廣泛團結，而是造成市場機會的不平等與區隔化，於是處境各不相同的人，就只能在愈來愈狹小的群體當中尋求團結。尤其是這些階級區隔的形式如果恰好與植基於種族、族裔與宗教等重要認同的社會分歧彼此吻合，社群／團結的價值就會變得狹隘而破碎。

由於競爭式個人主義與私有化消費主義具有文化重要性，再加上與此對立的廣泛勞動階級團結普遍疲弱不振，反資本主義者因此面臨一項艱困的挑戰。有些個人雖然有可能找出方法自行逃離資本主義的宰制，但如果真正想要挑戰資本主義，絕對需要集體能動性，而集體能動性又需要團結才有可能達成。事實已經證明，建立反抗運動所需的廣泛團結是轉變資本主義的一大障礙。我們將會在第六章探討這個問題。

懷疑論點

總結本章的論點：對資本主義的道德評價基於三組價值之上：平等／公平，民主／自由，以及社群／團結。資本主義在特定面向當中雖然可以被視為對這些價值的有限形式具有促進效果，但在整體上卻是一再阻礙這些價值的充分實現。資本主義會產生並且長久維繫不公正的經濟不平等；也會縮減民主並且限制許多人的自由，同時又大幅提升部分人士的自由；此外，資本主義還會培育出把個人競爭成果放在集體福祉之前的文化理想。

對於這套批評，有兩種主要形式的懷疑論點，就算是對我們探討的這些核心價值抱持認同的人士，也不免心生這樣的懷疑。

第一，許多人都質疑資本主義本身是否真的是我們辨識出來的所有那些問題或是其中部分問題的罪魁禍首。舉例而言，一個常見的觀點認為富裕當中的貧窮反映了人所擁有的技能與雇主需要的技能無法匹配，而這點主要是技術變革造成的後果。未能提供良好的訓練或教育也許可以說是政治失靈，但不能怪在資本主義頭上。或者，也有人認為難以消除的貧窮是家庭瓦解以及「貧窮文化」造成的後果，但總之問題不是出在資本主義本身。環境問題則是被歸因於工業化，而不是資本主義企業的利潤追求策略。民主的赤字主要是現代社會的複雜性與規模所造成的後果，不是來自於富人的政治影響力或者資本主義的先天遊戲規則。社群價值的衰退源自於都市化、社會複雜化以及高度地域流動性，而不是市場的競爭力量或者資本主義的文化。如此等等不一而足。

這些論點都應該受到認真看待，而不該直接拒斥不理。實際上，至少在部分案例中，懷疑論者指出的因果過程其實有助於我們對於面前的議題獲得完整的理解。缺乏適合現有工作的技能，無疑是造成貧窮的原因之一；複雜性確實會對民主造成挑戰；高度的空間流動性也的確會削弱社群意識。對資本主義的診斷與評價並沒有暗示資本主義是對於平等、民主與社群等價值造成赤字的**唯一**肇因，只是說資本主義是造成這種情形的一大因素。

第二種懷疑論點涉及替代方案的問題：一般人也許會承認資本主義的確必須為這些問題負起責任，但也認為純粹就是沒有可行的資本主義替代方案，一方面可能是因為受到提議的替代方案不可行，只會把事情變得更糟，另一方面則是就算原則上真的有一套更好的制度，當權者的力量也還是太強，令人無法改變現況而實現理想。不是沒有吸引人的目的地，不然就是沒有可以通往目的地的道路。因此，替代方案都只是不可能達到的烏托邦幻想。

本書接下來的內容，就要試圖回應這第二種懷疑論點。

3 反資本主義的各種類型

人類歷史上大部分的社會變革都是在暗中發生，由人類行動無意間造成的後果累積而成。相對之下，如果要為社會變革擬定「策略」，就必須要能夠藉由刻意的行動產生令人嚮往的社會轉型。社會轉型無疑有些令人嚮往的目標完全不可能藉由策略達成，原因可能是那項目標本身不可行——純粹就是行不通——不然就是沒有辦法能夠達成那項目標。因此，要讓社會體系這麼複雜的東西產生解放性轉型，也許根本不可能有任何一致性的策略。在《不要命的自負》（*The Fatal Conceit*）這部嚴厲抨擊社會主義的著作裡，海耶克就提出了這樣的主張。他說，知識分子相信這樣的幻想，以為自己能夠想出一套替代既有社會體系的方案，然後藉由刻意推展的政治行動予以實現。海耶克指出，這種想法之所以是幻想，原因是如此龐大的社會工程所帶來的意想不到的負面後果，終究一定會壓垮改革者希望達成的結果。海耶克如果說得沒錯，那麼面對「該怎麼做」才能夠為資本主義開創一項合乎民主與平等主義的替代方案這個問題，答案就只能夠是：「什麼都不能做。」

海耶克的這項批評，不該只是因為他用來為保守政治立場辯護就受到排拒。任何追求深層社會變革的計畫，都必須考慮意想不到的後果。但儘管如此，資本主義仍然深具破壞性，阻礙了美滿人生廣泛普及的可能性。我們需要的是對反資本主義策略獲得正確的理解，避免在一廂情願的狀況下抱持著毫無根據的樂觀態度，同時也不要過度悲觀，認定解放性社會轉型絕對不可能藉由策略達成。釐清這項可能性就是本章的目標。

策略邏輯

在反資本主義的抗爭歷史上，有五項不同策略特別重要，我稱之為「策略邏輯」：**打碎資本主義**、**拆解資本主義**、**馴服資本主義**、**抵抗資本主義**，以及**逃離資本主義**。

這些策略在實務上雖然都會互相混合，但每一項策略都是因應資本主義之害的不同方法。我們首先一一檢視這些策略，然後我再為這些策略提出一張概念圖，以幫助我們理解這些策略如何能夠以特定方式互相結合。我會把一種結合這些策略的方式稱為**弱化資本主義**，並且主張這種方式是在二十一世紀超越資本主義看起來最可行的策略構想。

打碎資本主義

這是革命人士的古典策略邏輯，其推論大致如下：

> 資本主義體系已然腐敗。試圖要把資本主義當中的生活變得可以忍受的一切嘗試終究都不免失敗。每隔一段時間，在民眾力量強大的情況下，也許有可能會出現小規模的改革而改善大眾的生活，但這類改善畢竟相當脆弱，極易遭到攻擊與逆轉。歸根究底，認為資本主義可以被修正為一種良性的社會秩序，讓平民百姓能夠在其中過著美滿而有意義的生活，其實是一種幻象。資本主義的核心根本無法改革。唯一的希望就是加以摧毀，掃除瓦礫，然後再建構一套替代制度。如同

二十世紀初期的〈團結到永遠〉（Solidarity Forever）這首歌曲結尾的歌詞所宣告的：「我們可以從舊世界的灰燼當中接生出一個新世界。」解放性替代方案的完全實現也許需要逐步達成，但達成這類逐步轉變的必要條件，就是要對現有的權力體系造成決定性的斷裂。

但是，要怎麼做到這一點？反資本主義力量怎麼可能匯集足夠的力量摧毀資本主義並且用一套更好的替代方案加以取代？這的確是一項令人望之生畏的艱鉅工作，因為主導階級所擁有的力量不僅使得改革淪為幻象，也會阻擋對於現有體系造成斷裂的革命目標。受到馬克思的著作所指導並且由列寧、葛蘭西（Antonio Gramsci）及其他人擴展的反資本主義革命理論，對於這種情形可能以什麼樣的方式發生提出了一項吸引人的論點：

資本主義雖然在大部分的時候看起來都無法擊倒，但這種體系卻也深富矛盾性，易於發生破壞與危機。有時候，那些危機的強度足以導致整套體系陷入脆弱，而難以抵擋挑戰。在這項理論最強烈的版本當中，資本主義的「運動定律」裡面甚至潛藏著一種趨勢，會促使這種削弱體系的危機隨著時間而增強，因此資本主義難以長期存續，而是會破壞自己的存在條件。不過，就算沒有造成危機愈來愈嚴重的系統性趨勢，也可以預測必然會定期出現強烈的資本主義經濟危機，導致這套體系陷入脆弱狀態，從而有可能出現斷裂，統治階級也有可能受到推翻。因此，革命黨所面臨的問題，就是如何設法利用這種體系層級的危機所創造的機會，領導一場大規模的集體動員奪取國家力量，不管是透過選舉還是以起義的方式推翻現有的政權。一旦掌控國家之後，第一件工作就是迅速改造國家本身，使其成為斷裂式轉型的適當武器，再利用這股力量壓制主導階級以及其盟友的反抗，摧毀資本主義的關鍵權力結構，並且建立必要的制度，以利替代經濟體系的長期發展。

在二十世紀期間，這項總體推論的各種版本激發了世界各地革命人士的想像力。革命式馬克思主義為抗爭灌注了希望與樂觀心態，因為這種思想不僅對當下的世界提出強而有力的控訴，也為解放性替代方案如何能夠落實呈現了一種看似可行的情景。這點為人賦予了勇氣，讓他們得以繼續相信歷史站在他們這一邊，而且他們為了對抗資本主義而必須做出的巨大奉獻與犧牲也真的有終究可以成功的機會。儘管這種情形相當罕見，但這類抗爭有時確實能夠藉由革命奪得國家權力。

不過，這種以革命奪得權力的做法所帶來的結果，從來不是創造出一套民主、平等而且解放性的資本主義替代方案。標舉社會主義與共產主義的革命，雖然確實證明了有可能「在舊世界的灰燼當中建立一個新世界」，而且就某些面向而言，也的確在一段時間裡為大多數人改善了物質生活條件，但二十世紀那些英勇造就斷裂結果的嘗試，卻證明了這種做法不會帶來革命意識形態所想像的那種新世界。摧毀舊的制度與社會結構是一回事，但要從灰燼中建立解放性的新制度又是全然不同的另一回事。

當然，二十世紀的革命為什麼從來不曾造成有效而長久的人類解放，是一個受到激烈爭辯的議題。有些人主張，這只是因為造成體系斷裂的嘗試在歷史上遭遇了特定的不利環境而已。革命運動都發生在經濟落後的社會裡，並且遭到強大的敵人包圍。有些人主張原因是那些革命犯了策略領導上的錯誤，還有些人則是指控領導人的動機，認為那些在革命中獲勝的人士都是受到對於地位與權力的渴望所驅使，而不是真心要追求大眾的賦權與福祉。除此之外，也有人主張對於社會體系造成激進斷裂的嘗試都必然遭遇失敗的下場，因為其中有太多影響因素，太多複雜性以及太多意想不到的後果。所以，造成體系斷裂的嘗試必定會淪為一團混亂，因此革命菁英不論抱持何種動機，都不得不被迫採取全面性的暴力與壓迫以維繫社會秩序。於是，這樣的暴力也就摧毀了以真正民主而且參與性的過程建立新社會的可能性。

不論哪一種解釋是正確的（如果有的話），二十世紀的革命悲劇所帶來的證據顯示，體系層次的斷裂並不是可行的社會解放策略。這麼說的意思，不代表我們不該為資本主義提出解放性的替代方案，建構在質性不同的原則上，並且做為社會轉型的根本目標；而是要質疑以斷裂方式摧毀資本主義主宰地位的策略是否真的可行。

儘管如此，以革命手段造成資本主義斷裂的構想並未完全消失。就算斷裂不再是任何重大政治勢力的整體策略，卻也還是迎合了一般人的挫折與憤怒，原因是他們生活於其中的這個世界充斥著嚴重的不平等與未能實現的美滿人生潛力，而且政治體系也似乎愈來愈不民主又愈來愈痲木不仁。不過，我們如果想要讓資本主義確實朝著解放性的方向轉型，就不能只是抱持能夠對憤怒引起共鳴的願景；我們需要的，是一項有機會在實務上真正可行的策略邏輯。

拆解資本主義

自從反資本主義運動開始以來，就有一些人雖然認同革命人士對於資本主義的批判以及追求的根本目標，卻不認同造成資本主義的斷裂是可行的做法。不過，對於以革命方式推翻資本主義的可能性抱持懷疑，並不表示我們就必須拋棄社會主義的觀念。

全面推翻資本主義並不會創造出有利於民主且平等主義式替代方案的條件，至少在成熟的資本主義國家是如此。不過，只要透過國家主導的改革逐步由上而下落實社會主義替代方案的元素，即有可能達成轉型至民主社會主義的目標。要做到這一點，必然會有一段漫長的時期是資本主義關係與社會主義關係共存於一套混合經濟體系當中：私營的資本主義銀行與國營銀行同時存在；私營的資本主義公司與國營企業同時存在，尤其是在運輸、公用事業、醫療，以及重工業的若干部門當中；資本主義勞動市場與國家僱用同時存在；國家指導的投資配置計畫也與追求最大利潤的私人投資同時存在。在這種情境裡，不會有一個直接由一套體系取代另一套的斷裂時刻，而是透過國家的持續性作為逐步拆解資本主義，也逐步建立一套替代方案。

這項策略要能夠行得通，關鍵的前提要件首先是要有穩定的選舉民主政體，接著還要有一個擁有廣大民眾基礎的社會主義政黨，具備贏得選舉並且長期保有掌權地位的能力，才能夠將這些新的國營經濟結構有效制度化。當然，過程一定會遭到反對與抗拒，但這種論點認為這些國家制定的社會主義經濟制度將會呈現出自己的價值，從而獲得大眾的支持。

透過國家指導的改革由上而下逐漸推行社會主義的想法，在二十世紀上半葉頗受反資本主義者的支持。第二次世界大戰結束後，這項策略在部分地區更似乎有所進展，包括英國將鐵路國有化、幾個國家建立社會主義化的醫療體系、許多地方都擴張國營事業，甚至還有幾個已開發資本主義國家對部分產業採取國有制。「混合經濟」的潛力備受討論，有些反資本主義者也認為可以把這種經濟當成核心，建構出一個比較有活力的社會主義部門。

這樣的結果沒有發生。資本主義在第二次世界大戰結束後數十年間的活躍發展，連同社會主義觀念在許多國家當中遭受的意識形態攻擊，尤其是美國，導致在混合經濟裡擴張國有化的做法遭到揚棄。經過民主選舉上臺的智利社會主義政府在一九七三年遭到兵變推翻，還有民主社會主義遭遇的其他挫敗，又進一步銷蝕了認為民主選舉可以為拆解資本主義提供一條改革主義道路的信念。到了二十世紀的最後二十五年間，資本主義經濟當中由國家指導的部門不但沒有成為新式經濟的先驅，反倒還愈來愈易於遭受抨擊。在新自由主義的大旗下，居於政治議程中心的是私有化而不是國有化，而且其中部分倡議者甚至還是傳統上被視為左派的政黨。

馴服資本主義

打碎與拆解資本主義的做法，設想的都是終究能夠把資本主義取代為一種根本上不同的經濟結構，也就是社會主義。就這方面來說，追求這兩種做法的人士都懷有革命的抱負，只是他們對於達成目標所需的手段懷有不同的理解。

不過，我們也有可能看出資本主義為社會帶來了全面性的傷害，卻不必設法加以取代。相反的，目標是在於消除那些傷害。這種想法成了二十世紀下半葉的社會民主政黨與非革命性社會主義政黨的主要策略觀。以下是這種想法的基本論述：

資本主義如果不受管制，會造成嚴重的傷害。資本主義產生的大幅不平等對於社會凝聚力深具破壞性；資本主義會摧毀傳統的工作而任人自生自滅；資本主義會在個人與整個社群的生活當中造成不確定性與風險；而且也有害環境。這些全都是資本主義經濟的先天動力所造成的後果。但儘管如此，我們還是有可能建立對抗資本主義的制度，大幅消除這些傷害。資本主義不需要完全放任不受管制，而是可以受到精心設計的國家政策予以馴服。當然，由於這麼做即是縮減資產階級的自主權與權力，因此可能必須經過激烈的爭鬥，而且也沒有成功的保證。資產階級以及其政治盟友必定會這麼宣稱：那些為了消除「所謂的」資本主義傷害而設計的規範與重分配，將會摧毀資本主義的活力、破壞競爭力，並且削弱誘因。不過，這類論點純粹只是為了維護特權與權力而提出的合理化說詞而已。資本主義可以受到大幅的規範與重分配以消除其傷害，但仍然提供足夠的利潤而能夠使其維持運作。要做到這一點，必須要有人民的動員以及政治意志，絕對不能依賴菁英階級的開明善意。不過，在適當的情境下，確實有可能贏得這些戰役，施行必要的限制，而造成一種比較良性的資本主義。如此帶來的結果，就是遊戲規則經過大幅修改的資本主義。

馴服資本主義並不會消除資本主義造成傷害的潛在傾向，只是抵銷那種效果而已。這麼做就像是以藥物消除症狀，卻沒有治療造成那些症狀的潛在健康問題。有時候，只要這樣就夠了。新生兒的父母經常因為缺乏睡眠而易於頭痛。面對這樣的問題，一種解決方法是服用阿斯匹靈然後撐過這段時期，另一種解決方法則是把嬰兒丟掉。有時候，排除症狀會勝過消除背後的肇因。

當然，不是每一項對於資本主義的規則所提出的改革都可以被視為是反資本主義，就算是意在消除資本主義部分傷害的改革方案也是一樣。為了防範足以破壞體系的投機冒險行為而提出的銀行法規，以及阻止內線交易的股市規範，都比較算是純粹協助促進資本主義的穩定，保護資本主義免於其自我毀滅的傾向。規範捕魚以預防魚群耗竭，只是解決了大規模資本主義漁業所造成的集體行動問題而已。反資本主義改革則是以某種方式在資本主義的運作當中引進平等、民主與團結的價值與原則。這類改革一樣可能有助於促進資本主義的穩定（實際上，這正是這類改革之所以可行的部分原因），但同時也會使得整套體系以不那麼純然資本主義的方式運作。

在所謂的「資本主義黃金時代」，也就是第二次世界大戰後為期三十年左右的時間，社會民主政策相當有效地促成了比較人道的經濟體系，尤其是在這類政策受到徹底推行的地方。更明確來說，三類國家政策創造了資本主義遵循的新規則，而消除了資本主義造成的部分傷害，並且在不同程度上體現了平等、民主與團結的價值：

一、一般人在人生中遭遇的某些最嚴重的風險，尤其是健康、就業與所得方面的風險，都透過相當全面性的公共授權與資助的社會保險體系而降低。

二、國家透過一套相對高稅賦的有力體系提供涵蓋廣泛的公共財，包括基本與高等教育、職業技能培養、大眾運輸、文化活動、休閒設施，還有研究與發展。其中有些主要是對資本家有益，但仍有許多都提供了廣大的公眾利益。

三、國家也建立了管制體系，以便因應資本主義市場當中的投資人與公司因其行為而產生的最嚴重的負面外部性：包括汙染、產品與工作場所危害、掠奪性市場行為、資產市場波動性等等。同樣的，其中有些管制規範純粹是迎合資本家的利益，但也有些保護了勞工以及一般大眾的福祉。

有這些政策存在，不表示經濟就不再是資本主義經濟：資本家還是可以依據市場中的利潤賺取機會自由配置資本，而且除了繳稅之外，他們還是可以任意利用那些投資帶來的利潤。改變的部分是國家負起責任，在一定程度上矯正了資本主義市場的三項主要缺陷：個人面對風險的脆弱性、公共財的供應不足，以及追求利潤最大化的私人經濟活動所帶來的負面外部性。由此造成的結果，就是一種運作頗為良好而且緩和了不平等與衝突的資本主義。資本家也許不是特別喜歡這種做法，但這種做法的成果相當不錯。資本主義在關鍵面向受到馴服。資本主義仍然持續存在，但已不像原本那麼強取豪奪。

那是黃金時代的情形。在二十一世紀頭十幾年的今天，已是非常不同的世界。全球各地，甚至包括社會民主大本營的北歐，都出現了要求縮減各種「優待」的呼聲，包括社會保險、降低稅賦並減少提供公共財、對資本主義生產與市場的許多面向鬆綁管制，以及將許多國家服務私有化。這些轉變全都被歸屬在「新自由主義」的大纛之下。

把國家消除資本主義之害的意願與明顯可見的能力予以縮減的做法，是幾股力量共同造成的結果。資本主義的全球化，使得資本主義企業遠比以往更容易把投資轉移到世界上管制比較寬鬆而且勞動成本也比較低的地方。這種資本流動的威脅，連同種種科技與人口變化，已然導致勞工運動的零碎化與弱化，降低了抵抗與政治動員的能力。與全球化結合之下，資本的金融化已造成財富與所得的不平等大幅增加，進而提高了社會民主國家的反對者所擁有的政治影響力。資本主義不但沒有受到馴服，反而是如猛獸出閘。

也許那三十年的黃金時代只是歷史上的一個異數，在一段短暫的時間裡因為有利的結構條件與強大的民眾力量，使得那種相對平等並且社會民主式的模型得以成為可能。在那之前，資本主義原是一套強取豪奪的體系，而且在新自由主義之下也再度展露出這個面向，回歸到資本主義體系的正常狀態。也許，資本主義在長期之下是無法馴服的。對資本主義主張革命式斷裂的人士，向來主張馴服資本主義只是一種幻象，把應當用於打造政治運動以推翻資本主義的心力分散到了其他地方去。

不過，事情也許沒有那麼糟糕。有一種主張認為全球化對於國家提高稅負、管制資本主義以及重新分配所得的力量造成了強大的束縛，這種主張之所以在政治上能產生效力，部分原因是大家相信這樣的說法，而不是因為那些束縛真的有那麼強大。畢竟，國家提高稅負的能力有一大部分來自於雇傭勞動者依其收入接受課稅的意願，不是來自於資本家轉移資本以逃避課稅的意願，而雇傭勞動者接受課稅的意願在很大的程度上則是取決於集體團結的緊密度。在政治上，可能性的限制必定有一部分是來自於眾人認為那樣的限制存在。新自由主義是一種意識形態，受到強大的政治勢力支持，而不是一種具有科學準確性的陳述，呈現出我們在改善這個世界的過程中所面對的真實限制。在黃金時代構成社會民主主義的特定政策也許在今天已不再那麼有效，而需要受到重新思考，但透過一些規則來消除資本主義若干最嚴重的傷害而馴服資本主義，仍舊是反資本主義的一種可行的表現。重振進步性的社會民主所面臨的政治障礙雖然相當多，但這不表示資本主義的本質已使得資本主義造成的傷害不再有可能受到國家採取行動予以緩和。

抵抗資本主義

「抵抗資本主義」一詞可以用來代表一切反資本主義的抗爭活動。我會以比較狹隘的定義使用這個字眼，用於指涉在國家機器以外反對資本主義但不試圖獲取國家權力的抗爭行動。馴服與拆解資本主義都需要由協調一致的組織進行高度的持續性集體行動，這種組織尤以試圖行使國家權力的政黨為主。馴服資本主義希望利用國家權力消除資本主義的傷害；拆解資本主義則是想像把國家權力轉過頭來對付資本主義本身。至於我在此處所謂的**抵抗**資本主義，雖然可能會試圖影響國家或者阻擋國家的行為，但不會行使國家權力。

抵抗資本主義試圖減輕體系帶來的傷害，但不試圖攫取國家權力。這種做法希望藉由抗議活動以及在國家機器以外的其他抵抗型態影響資本家與政治菁英的行為。我們也許無法轉變資本主義，卻可以藉著製造麻煩、抗議，以及提高菁英階級的行為成本而保護我們自己免於資本主義的傷害。許多類型的草根運動人士都採取這種策略：例如環保人士對有毒廢棄物與破壞環境的發展提出抗議；消費者運動對掠奪性企業發起抵制活動；社會運動律師為外來移民、窮人，以及性少數族群提供辯護。這也是工會發動罷工爭取改善薪資與工作條件背後的基本策略邏輯。

不論採取什麼型態，抵抗資本主義大概都是對於資本主義體系的傷害最普遍可見的反應。這種做法植根於公民社會，與此相連的是工作和社群的團結。抵抗資本主義的行動經常受到階級以外的各式認同所驅使，包括族裔、宗教、種族、性別。比較有組織的抵抗資本主義型態，主要都是由社會運動與勞工運動施行。不過，即便在工會勢力薄弱而且充滿敵意的政治環境導致難以發動集體社會抗議的情況下，勞動現場的勞工也還是能夠抵抗資本主義勞動過程與階級關係所帶來的壓迫與剝削。剝削的一項先天特質，就是剝削者必須仰賴被剝削者的努力。既然人類不是機器人，必定會設法有所保留，不付出最大的努力與勤奮。這就是抵抗資本主義最基本的型態。

逃離資本主義

面對資本主義的掠奪，最古老的一種反應就是逃跑。逃離資本主義也許通常不會具體形成系統性的反資本主義意識形態，但還是擁有一套一貫性的邏輯：

> 資本主義體系太過強大，無法加以摧毀。真正馴服資本主義所需要的高度持續集體行動根本不可能做到，更遑論想要予以拆解；而且這整套體系也太過龐大又

> 太過複雜，根本無法有效控制。當權者強大得無法推翻，而且他們總是會籠絡反對勢力以維護自己的特權。你不可能對抗國家機器。世事再怎麼變，根本上終究還是相同。我們頂多只能設法避免資本主義的有害效果，也許是逃到某種掩蔽的環境裡，以徹底逃避資本主義的摧殘。我們也許無法改變世界，但可以盡可能讓自己遠離其支配網絡，創造我們自己的迷你替代世界，在其中生活茁壯。

這種逃跑的衝動可見於許多對資本主義的傷害常出現的反應。美國的貧窮農夫在十九世紀紛紛遷往西部邊疆，就是渴望從事穩定而自給自足的糊口農業，不想再為了市場而生產。十九世紀的烏托邦社群試圖建立大體上自給自足的社區，能夠依據平等與互惠的原則而運作。工人合作社試圖開創合乎民主、團結與平等原則的工作場所，擺脫資本主義公司的異化與剝削。逃離資本主義也隱含於一九六〇年代的嬉皮口號裡：「鼓起熱情，集中心力，退出體制。」像是阿米希人（Amish）這樣的宗教社群，之所以致力在自己和外部社會之間建立強大的屏障，就是為了讓自己盡可能避免資本主義市場的壓力。把家庭界定為「殘酷世界裡的避風港」，就表達了這樣的理想，認為家庭是充滿互惠與關懷的非競爭性社會空間，人在其中即可擺脫殘酷而且充斥競爭的資本主義世界。

逃離資本主義通常表示避免參與政治，當然也不從事以改變世界為目標的集體組織行動。尤其在今天，逃離經常是一種個人主義式的生活型態策略。有時候，這是一種仰賴資本主義財富的個人主義策略，就像那種典型的例子：事業成功的華爾街理專決定「擺脫永無休止的競爭」，搬到佛蒙特州過自己選擇的簡樸生活，但生活所需的費用卻是來自於一筆藉著資本主義投資累積而來的信託基金。

由於缺乏政治活動，因此我們很容易認為逃離資本主義不屬於反資本主義的一種型態，尤其是這種做法經常反映出在資本主義本身當中得到的特權。如果有一個穿戴昂貴登山裝備的登山客飛往偏遠的地區以便「逃離那一切」，我們實在很難把這種行為視為是反對資本主義的有意義表現。儘管如此，還是有許多逃離資本主義的例子，確實對廣泛的反資本主義課題有所影響。理念社群（Intentional communities）的動機也許是渴望逃離資本主義的壓力，但這類社群有時候也能夠為人示範更加集體、平等而且民主的生活方式。至於合作社，雖然動機經常主要是想逃離威權的工作場所與資本主義公司的剝削，卻也能夠成為對資本主義的廣泛挑戰當中的一項元素，以及另一種經濟型態的建構元件。自己動手做的ＤＩＹ運動也許是在經濟緊縮時期受到個人收入停滯而激發出來的結果，但這種運動也同樣能夠為我們指引方向，找出一種比較不需要依賴市場交易的經濟活動安排方式。在更一般性的層面上，自願追求簡樸的「生活型態」可以促成更多人揚棄資本主義中的那種消費主義以及對經濟成長的執迷。

策略布局

我們檢視的這五種策略邏輯，其間的差異在於兩個層面。第一個層面相當直截了當：策略的首要目標是**消除傷害**還是**超越結構**？馴服資本主義與抵抗資本主義都試圖消除傷害。打碎、拆解以及逃離資本主義則是試圖超越資本主義的結構。

第二個層面比較複雜，關乎一項策略是指向社會體系的哪個「層級」。且讓我利用遊戲的比喻來說明這一點。

遊戲是由整套規則界定的，但每種遊戲都有一些規則雖然隨著時間而改變，卻不會引人對遊戲本身的存續產生質疑。有些規則對於確立遊戲的本質顯然具有根本重要性，這些規則界定了我們所玩的是什麼遊戲。我們可以把這種規則稱為遊戲的基礎規則。其他規則只是影響了玩家在遊戲中可以採取哪些策略。我們可以從體育的角度來思考這一點。橄欖球與足球是兩種不同的運動。區分這兩種運動的其中一項基礎規則，就是球員能不能抱著球跑。橄欖球的球員可以這麼做，但足球的球員不行。規範足球比賽的國際組織如果決定允許球員抱著球跑，這種運動就不再算是足球。另一方面，越位規則的改變卻沒有這麼大的影響：越位規則首度出現於一八六三年，禁止進攻方的球員徘徊在對手的球門附近等待機會。原本的規則指出，球員前方如果沒有三位對手球員，就算是越位。對手球員的人數在一九二五年減少為兩位，後來更在一九九〇年更改為當今的版本：球員只要不超過最後一位對手球員（除了守門員以外）的位置，就不算是越位。這些規則改變無疑影響了球員在比賽中能夠採取的行為，卻不會改變這種運動的基本性質。

接下來，且讓我們把社會想成一種遊戲：眾人可能會因為想玩的遊戲不同、因為遊戲的規則內容，或是因為一組特定規則當中可以採取哪些行為而爆發社會衝突。表一就以這種方式呈現了發生於資本主義當中，以及為了資本主義而發生的衝突。對於要玩什麼遊戲而爆發的衝突，就是革命與反革命政治，其標的聚焦於我們究竟要玩資本主義遊戲還是社會主義遊戲。在資本主義遊戲裡，為了遊戲規則而發生的衝突，就是改革派政治與反動派政治的對立。在這種情況下，衝突標的就在於經濟體系應該由哪一種資本主義來主導：例如社會民主資本主義，其中的規則能夠降低風險與脆弱性，並且保護勞工的集體組織；或是新自由主義資本主義，其中的規則保護企業權力，防止市場當中出現重分配式的國家干預措施，並且減少公共財的生產。最後，針對遊戲裡的行為所發生的衝突，則是平凡無奇的利益團體政治，個人與集體組織採取策略追求自己的經濟利益，把既有的遊戲規則視為固定不變的規則。

遊戲／規則／行為這三者對應到三項社會轉型邏輯：斷裂式轉型、共生式轉型，以及間隙式轉型。斷裂式轉型涉及社會結構的斷絕，也就是在一瞬間猛然打斷當下這個遊戲的本質。共生式轉型比較複雜，是對社會體系的規則做出改變，一方面讓這套體系運作得更為順暢，同時也為後續的轉型擴展空間。至於間隙式轉型，則是在遊戲的既有規則當中從事行為，由

表一．以遊戲比喻發生於資本主義當中以及為了資本主義而發生的政治衝突

遊戲比喻	政治衝突型態	衝突標的	轉型邏輯
要玩什麼遊戲	革命還是反革命	資本主義還是社會主義	斷裂式
遊戲規則	溫和改革還是激進革命	不同類型的資本主義	共生式
遊戲裡的行為	利益團體政治	立即性的經濟利益	間隙式

來源：改編自Robert Alford and Roger Friedland，The Powers of Theory: Capitalism, the State, and Democracy（Cambridge University Press, 1985）, 6-11。

此累積成效所帶來的結果。

接著，再回頭檢視反資本主義的五項策略邏輯。打碎資本主義這種策略，屬於要玩什麼遊戲的層級；馴服與拆解資本主義屬於遊戲規則的層級；抵抗與逃離資本主義則屬於遊戲裡的行為這個層級。把這兩個維度結合起來，即可得到表二的分類。

當然，實際歷史上的社會與政治運動不會自我局限於這種分類當中的單一類別。在二十世紀期間，革命共產主義者明確倡導結合抵抗資本主義與打碎資本主義的做法。共產主義激進分子受鼓勵要積極參與勞工運動，認定這是建立勞動階級團結與轉變勞動階級意識的必要做法。這種策略終究還是以透過掌控國家權力來造成體系斷裂為目標，但在「時機成熟」之前為了追求這項目標而從事的其中一項過程，就是由共產黨積極參與勞工運動對於資本主義的激進抵抗。

民主社會主義揚棄了打碎資本主義的觀念，但仍然尋求一項終究能夠超越資本主義結構的策略，也就是逐步拆解資本主義。這種策略布局結合了兩種活動，一種是為了消除資本主義的傷害而推行的改革，另一種則是致力於打造一個強大的國家部門以及支持勞工運動。

社會民主主義也包含抵抗資本主義的策略，不過是與馴服資本主義結合，同時也大體上放棄了拆解既有體系的做法。此處的勞工運動是與社會民主政黨一同籌劃組織。有時候，這種連結的實際狀況是社會民主政黨成為勞工運動的政治機構。社會民主主義的進步改革主義有一大部分是來自於勞工運動對社會民主政治的影響，而反資本主義在社會民主主義當中的衰退，其中一項原因就是勞工戰鬥性在抵抗資本主義當中的衰微。

有些時候社會民主政黨擁有強大的左派組織，其政治志向超越了馴服資本主義而著眼於拆解資本主義。一九七〇年代初期的瑞典就是如此，當時的左派社會民主黨人提出一項政策，稱為邁德納計畫（以瑞典經濟學家魯道夫・邁德納〔Rudolf Meidner〕命名），目的在於讓瑞典的工會能夠在一段長時間之後成為瑞典企業的大股東。這的確是一項將資本的部分力量拆解掉的策略。這個計畫的激進型態在政治上遭到挫敗，於是瑞典社會民主黨又退回比較安全的馴服資本主義策略。

為了因應資本主義的傷害而發起的帶有無政府主義色彩的

表二・反資本主義策略的分類

		抗爭目標	
		消除傷害	超越結構
體系的層級	遊戲本身		打碎
	遊戲規則	馴服	拆解
	遊戲裡的行為	抵抗	逃離

社會運動，其抵抗資本主義的表現經常只是對資本主義的掠奪採取防衛式的回應而已。不過，抵抗行為有時候也會結合那些試圖建立資本主義關係替代方案的做法。十九世紀期間，合作社與互助會經常出現在抵抗資本主義的情境中；在當今的時代，社會與團結經濟也經常是由社會運動培育而成。在某些案例中，例如巴西的無耕地農民運動，侵占無人使用的土地與建立替代性的經濟結構，已經成為抵抗活動本身的核心工具。

這四種布局是二十世紀期間對於資本主義社會造成的不公義與壓迫所採取的主要策略因應方式。到了二十世紀末，前兩種布局已幾乎完全消失於政治領域，至少在已開發的資本主義國家是如此。革命共產主義缺乏可信度，原因是以拆解資本主義為目標而採行斷裂式策略的政權都已紛紛垮臺；民主社會主義則是遭到邊緣化，原因是企圖藉由選舉策略在資本主義經濟當中建立一個國家社會主義部門的嘗試一再失敗。已開發資本主義國家當中的社會民主主義也已衰退，甚至徹底消失，而且大體上失去了和勞工戰鬥性之間的連結。二十一世紀頭十幾年間最活躍的反資本主義型態，都奠基於社會運動當中，這些社會運動經常帶有強烈的無政府主義色彩，持續宣稱「另一種世界有可能實現」。這類抵抗資本主義的做法大體上跟以國家權力為目標的總體政治計畫沒有連結，因此也與政黨沒有連結。不過，至少在拉丁美洲與南歐反對資本主義的部分運動當中，一種新式的策略觀念可能已開始浮現，結合了抵抗與逃離資本主義那種由下而上並以公民社會為中心的行動，還有馴服與拆解資本主義那種由上而下並以國家為中心的策略。這種新式的策略布局可以稱為**弱化資本主義**，如表三所示。

弱化資本主義

弱化資本主義的策略觀念有時會隱含於社會與政治抗爭當中，通常不會被標舉為回應社會不公的核心組織原則。以下是這一點背後的原因：

弱化策略的基礎在於對經濟體系這個概念的一種特定理解方式。思考一下資本主義。從來沒有一種經濟體系是純粹的資本主義經濟體系，而且也永遠不可能會有這樣的經濟體系。資本主義的定義是以下三者的結合：市場交易、私有化的生產工具，以及透過勞動市場僱用雇傭勞動者。既有的經濟體系，都是結合了資本主義，以及其他多種對物品與服務的生產與分配的安排方式：包括由國家指導的生產與分配；為了迎合家庭成員的需求而在家庭的緊密關係當中從事的生產與分配；在所謂的社會與團結經濟當中，透過以社群為基礎的網絡與組織進行生產與分配；由成員共有並且採取民主治理的合作社進行生產與分配；透過非營利的市場導向組織從事的生產與分配；透過採行合作生產過程的同儕網絡進行生產與分配；還有其他許許多多的可能性。在以上這些安排經濟活動的方式當中，有些可以被視為混合型態，結合了資本主義與非資本主義的元素；有些完全屬於非資本主義；有些則是反資本主義。再度採用我們的遊戲比喻，我們可以說在真實的經濟體系裡，有多種不同的遊戲同時在進行，每一種遊戲都各有自己的規則與玩家行為。在這種複雜的經濟體系當中，如果生活的經濟條件與大多數人獲取生計的方式都受到資本主義主導支配，我們就把這種體系稱為「資本主義」體系。那樣的主導狀態深具破壞性。挑戰資本主義的一種方法，是在這套複雜體系當中任何找得到的空間與縫隙裡建立更民主、更平等也更具參與性的經濟關係。弱化資本主義的構想認為這些替代做法富有潛力，能夠在長期之下於個人與社群的生活中產生足夠的重要性，而終究取代資本主義

表三・弱化資本主義

		抗爭目標	
		消除傷害	超越結構
體系的層級	遊戲本身		打碎
	遊戲規則	馴服	拆解
	遊戲裡的行為	抵抗	逃離

弱化資本主義

在體系裡的主導地位。

用自然界當中的生態系來比喻，也許有助於釐清這種構想。以湖泊為例。一座湖泊由一片地貌當中的水所構成，還有特定種類的土壤、地形、水源與氣候。水裡棲息著各式各樣的魚類及其他生物，湖裡和湖畔也生長了許多不同種類的植物。集體而言，這些元素全都構成了湖泊的自然生態系。這樣的生態系之所以是一套「體系」，原因是其中的每個東西都會影響體系內的其他一切東西；但不像單一生物體的體系那樣，所有的構成部分都在功能上互相連結，形成一個具有一致性而且緊密整合的整體。一般而言，社會體系比較適合想像成各個部位鬆散連結互動的生態系，而不是所有部位都各有功能的生物體。在這樣的生態系當中，有可能引進不是「天然」生存在那座湖裡的外來種魚類。有些外來物種會立刻遭到吞食，有些可能會生存在湖裡的某個小角落，而不會對生態系當中的日常生活造成多少改變。不過，偶爾可能會有個外來物種在這個生態系裡蓬勃發展，而終究取代原本的優勢物種。弱化資本主義的策略願景，就是在資本主義的生態系裡引進非資本主義經濟活動當中各種最有活力的解放性物種，然後加以培育發展，包括保護其生存角落以及設法擴展其棲地。最終的希望，是這些外來物種終究能夠從自己的小角落當中溢出，轉變整個生態系的性質。

這種思考超越資本主義過程的方法，就像是一般對於歐洲的前資本主義封建社會如何轉型為資本主義社會所講述的那種簡化敘事。在中世紀晚期的封建經濟當中，原始資本主義式的關係與實踐開始出現，尤其是在城市當中。這種情形原本只涵蓋商人的交易、受到同業公會管制的工藝生產，以及銀行的運作。這些經濟活動型態各有自己活躍的角落，對於封建菁英而言也通常頗為有用。在那些角落當中，經濟遊戲的規則和居於主導地位的封建主義非常不一樣。隨著這些市場活動的範圍逐漸擴展，其性質也就變得愈來愈資本主義化，於是在某些地方侵蝕了既有的封建制度對整體經濟的主導。透過長達幾世紀的一段漫長而蜿蜒的過程之後，封建結構在歐洲的某些角落已不再主導經濟生活；封建制度已經弱化。這段過程中也許有些政治動盪，甚至是革命，但這些政治事件不是造成經濟結構的斷裂，整體上比較算是為早已發生於社經結構裡的改變予以批准和合理化。

弱化資本主義的策略願景，也是以這種方式看待把資本主義的主導性經濟角色替換掉的過程。體現民主與平等關係的替代性非資本主義經濟活動，也可以在資本主義所主導的經濟體系當中出現。這些活動會隨著時間過去而成長，包括自發性的成長以及刻意推行的策略所促成的成長。其中有些是由下而上，來自社群的適應與主動推行；

有些則是由上而下，由國家積極組織或者資助，以便解決實際上的問題。這些替代性經濟關係是一套經濟結構的組成元素，這套結構當中的生產關係具有民主、平等與團結的特質。涉及國家的抗爭開始出現，有時是為了保護這些空間，有時是為了促成新的可能性。每隔一段時間，從事這些抗爭的人士會遇到結構上的「可能性限制」；要超越這些限制，可能需要更強烈的政治動員，目標在於改變資本主義遵循的「遊戲規則」所具備的關鍵特徵。這樣的動員通常會失敗，但至少偶爾會遇到改變條件成熟的狀況，於是可能性的界線就會因此擴張。最後，這種由上而下的變化與由下而上的行動相互作用的累積效果可能會達到一個程度，也就是在經濟生態系裡創造出的這些社會關係，在個人與社群的生活中占據了足夠重要的地位，於是資本主義也就不再算得上是主導性的原則。

這種策略組合結合了兩種願景，一種是進步社會民主主義與民主社會主義的願景，也就是由上而下改變資本主義遵循的遊戲規則，以便消除資本主義最嚴重的傷害，並且創造出奠基在國家當中的替代制度；另一種是比較屬於無政府主義的願景，也就是由下而上創造出新式經濟關係，體現解放的目標。還沒有一項政治運動明確採取這種抵抗、馴服、拆解與逃離資本主義的策略組合，企圖在長期之下弱化資本主義的主導地位。不過，朝往這個方向的衝動可見於和進步社會運動具有密切關係的政黨當中，例如希臘的「激進左翼聯盟」（Syriza）與西班牙的「我們能」黨（Podemos）。弱化資本主義也可能在某些地位穩固的中間偏左政黨當中的年輕勢力引起共鳴，例如桑德斯（Bernie Sanders）在二〇一六年美國總統初選期間於民主黨內獲得的支持者，或是英國工黨內的柯賓（Corbyn）勢力。

做為一種策略願景，弱化資本主義一方面極為誘人，另一方面也令人難以置信。之所以誘人，原因是這種願景指出，就算國家看起來不支持社會正義與解放性社會變革，我們也還是可以採取許多作為。我們可以繼續致力建造新世界，不是從舊世界的灰燼當中，而是在舊世界的間隙裡。我們可以建造我所謂的「真實烏托邦」，在仍然由資本主義主導的社會裡，打造這種超越資本主義的解放性目的地的元件。弱化資本主義之所以令人難以置信，原因是大型資本主義企業的權力與財富如此龐大，而且大多數人的生計又仰賴資本主義市場順暢運作，如果說在資本主義主導的經濟當中開拓出來的解放性經濟空間能夠經過累積而真正弱化並且取代資本主義，看起來實在是極不可能的事情。非資本主義的解放型態經濟活動與關係如果真能成長到足以威脅資本主義主導地位的程度，必定會直接遭到打壓。

為了證明弱化資本主義不只是幻想，後續的章節將會探討三項議題。

第一，我們必須為替代資本主義的解放性方案這種觀念灌注更多的實質內容。單純標舉我們希望看到體現於這些替代方案當中的價值並不足夠，我們也必須對其中的替代性建構元件懷有清楚的認知。第四章將會討論超越資本主義的解放性目的地有什麼基本輪廓。

第二，我們必須處理國家的課題。做為一種策略構想，弱化資本主義結合了兩種做法，一種是利用國家來維繫可供建立解放性替代制度的空間，另一種則是為了填補這些空間而採行的各式各樣由下而上的行動。不過，資本主義國家的設計如果是為了替資本主義提供阻擋一切威脅的全面性保護，那麼弱化資本主義怎麼可能行得通？第五章所檢視的，就是儘管存在著內建的階級偏見，我們還是有可能透過資本主義國家創造新的遊戲規則，而有助於擴展解放性的非資本主義關係，指向一個超越資本主義的世界。

第三，弱化資本主義就像其他任何策略一樣，也需要集體行動者。策略不會自動發生，而是必須由組織、政黨，以及社會運動當中的成員採行。弱化資本主義的集體行動者在哪裡？古典馬克思主義認為「勞動階級」就是能夠挑戰資本主義的集體行動者。有沒有什麼可信的情境，能夠讓我們建立弱化資本主義策略所需的社會勢力？第六章將會探究這個問題。

4 超越資本主義之後的目的地：以社會主義實現經濟民主

批評既有狀況總是比提議一項具有可信度的替代方案來得容易。這就是為什麼社會抗議運動經常都帶有「反」這個前綴詞。反戰動員反對戰爭。反撙節抗議活動反對預算刪減。反全球化抗議活動反對規則有利於跨國企業與全球金融的全球資本整合這種新自由主義政策。就算一項運動是以正面的抱負命名，例如民權運動、環保運動、女性運動，其中的訴求經常還是以終結某種事物為主：終結種族隔離的吉姆．克勞法（Jim Crow laws）；終結住房歧視；終結警方的種族貌相判定（racial profiling）；終結壓裂採油；終結職場性別歧視；終結同性婚姻限制。

此處的問題不在於參與這些運動的人士對於正面價值缺乏強烈的投入，或是沒有對一個非常不同的社會世界懷有希望。一九六〇年代的美國民權運動深深體現了平等、民主與社群的解放性價值。問題是，要提出能夠統合眾人之力的訴求，依據正面的替代方案遠比依據拆解既有的壓迫性安排來得困難。在美國民權運動裡，終結種族隔離法是很具體明確的訴求；但訴求設置新政策與包容性的制度，為所有人提供良好的工作、終結貧窮並且為平民百姓賦權，卻不是那麼具體明確。民權運動原本幾乎完全聚焦於反歧視與平等權利，後來在一九六〇年代把焦點轉向正面的平等議程，探討權力與經濟平等的問題，並且開始呼籲必須要有替代制度以達成這些目標之後，這項運動的團結性即告瓦解。

直到二十世紀的最後數十年之前，激進反資本主義者對於該以什麼體系取代資本主義一直懷有相當明確的概念。他們稱之為「社會主義」。自命為社會主義者的人士之間的歧見，不是在於目的地的核心制度，而是在於該怎麼從現況邁向那個目的地：是不是需要革命性的斷裂，還是可以藉由改革逐步完成這種轉型？概略而言，當時這些人認為社會主義是一種經濟體系，其中的主要生產工具由國有取代私有，市場取代為某種全面性的計畫，目標在於迎合需求，而不是追求利潤的最大化。當然，這樣的體系有許多細節必須釐清，而關於這類細節的想法有時不免引起激烈爭論，但社會主義這項資本主義替代體系的基本輪廓看起來算是相當清楚。

到了二十世紀末，資本主義的批評者對於如此高度國家化的資本主義替代體系卻已不再懷有信心。在蘇聯、中國以及其他地方建立資本主義替代體系的嘗試最後所遭遇的失敗，摧毀了官僚指導的全面性中央計畫這種做法的可信度，不只因為那些國家的過程具有高度壓迫的性質，也因為這些經濟體所產生的普遍不理性現象。不過，這是否表示市場在任何可行的資本主義替代方案當中都必須扮演中心角色，還是說我們需要想像一種全新的計畫型態？生產工具的國有化是不是超越資本主義的必要元素，還是說後資本主義經濟其實可以出現各種型態的社會所有權？今天的反資本主義者仍然保有對於資本主義的診斷與評價，但是對於一個令人嚮往、可行而且可以達成的資本主義替代方案應該具備什麼性質，卻遠遠沒有那麼清楚的答案。

鑒於這一切的含糊不清，也許「社會主義」這個字眼本身就應該受到揚棄。詞語的意義是透過歷史脈絡累積形成的結果，而社會主義一詞也許因為與二十世紀那些壓迫性政權的連結而深受其害，以致不再適合用來統稱資本主義的解放性替代方案。儘管如此，在二十一世紀的頭十幾年間，社會主義理念卻重拾了部分的正面道德聲譽。

二〇一六年的一項蓋洛普調查顯示，三十歲以下的美國民眾有超過半數都對「社會主義」懷有正面的看法。況且，在世界上的大多數地區，眾人談到一種公正而人道的資本主義替代方案之時，使用的仍是社會主義一詞，而且也沒有別的詞語獲得廣泛採用。所以，我在本書還是使用這個字眼。

本章將會闡述一種把社會主義視為超越資本主義之後的可能目的地的思考方式。在下一節，我會針對替代經濟結構提出一種特定思考方式。此處的討論將會涉及頗為抽象的社會理論，但這麼做有其必要，因為這樣才能精確定義若干基本概念。接著，再以比較具體的方式討論社會主義經濟當中可望實現解放性價值的部分組成元素。

以權力為中心的社會主義概念

要重新思考社會主義的概念，一種方法是聚焦於權力在經濟結構當中的安排方式，尤其是對經濟資源的配置與使用予以掌控的權力。當然，一談到權力，就等於是打開了理論性議題的潘朵拉盒子。在社會理論家眼中，權力堪稱是最具爭議性的題目，所以我在這裡會採用一種刻意經過簡化的概念：權力就是在世界上行事並且產生效果的能力。這種概念也許可以稱為「以行動者為中心」的權力觀：人不論是個體還是集體行動，都會使用權力完成事情。在經濟體系裡，人會使用權力控制經濟活動，包括配置投資、選擇科技、組織生產、指導工作等等。

權力是行事的能力，但這種能力可以呈現為許多不同形式。在經濟體系裡，有三種不同形式的權力特別重要：經濟權力、國家權力，以及我所謂的「社會權力」。一般人對前兩者都很熟悉。經濟權力奠基於對經濟資源的控制；國家權力是在一塊區域內掌控規則的制定與施行；至於我所謂的社會權力，則是植基於動員眾人從事合作性而且自願性的集體行動的能力。如果說行使經濟權力是藉著**賄賂**眾人而促使他們行事，行使國家權力是**迫使**眾人行事，那麼行使社會權力即是藉著**說服**的方式促使眾人行事。

社會權力在民主的觀念當中占有中心地位。聲稱一個國家是民主國家，就表示這個國家的國家權力從屬於社會權力。一如其他國家，民主國家的官員也行使國家權力，亦即在國家疆域內制定以及施行約束性規則的權力；但是在民主政體當中，國家權力本身完全從屬於社會權力。「民治」一詞的真正意義並不是「由社會上每一個被視為單獨的個人聚合起來遂行統治」，而是由人民以各種方式組成自願性團體以遂行統治：包括政黨、社區、工會等等。選舉是達成讓國家權力從屬於社會權力最為人熟悉的方法。

國家權力愈是從屬於社會權力，國家就擁有愈深層的民主。

從這三種權力型態的角度來看，社會主義有別於資本主義與國家主義這兩種經濟結構：

在資本主義這種經濟結構裡，資源的配置與使用都是藉由行使**經濟權力**而達成。對於生產的投資與控制，是資本擁有者行使經濟權力的結果。

在國家主義這種經濟結構裡，資源為了不同目的而受到的配置與使用，是透過行使**國家權力**而達成。國家官員透過某種國家行政機制行使國家權力，而對投資過程與生產加以控制。

在社會主義這種經濟結構裡，資源為了不同目的而受到的配置與使用，是透過行使**社會權力**而發生。在社會主義裡，投資過程與生產都是由可讓平民百姓集體決定怎麼做的制度所控制。**基本上，這就表示社會主義等於經濟民主**。

以上這些對於資本主義、國家主義與社會主義的定義，就是社會學家所謂的「理想類型」。如同我們在第三章提過的，實際上的經濟體系是複雜的**生態系**，會依據這些不同型態的經濟關係怎麼互動以及混合而變。因此，把一個經濟體系稱為「資本主義」其實是一種簡稱，如果要完整加以描述，可能是：「一個經濟生態系，其中結合了資本主義、國家主義與社會主義的權力關係，而由資本主義關係居於主導地位。」同樣的，在一個經濟體系當中，如果國家權力高於經濟權力與社會權力，那麼這個經濟體系就稱為國家主義；至於社會權力高過國家權力與經濟權力的經濟體系，則是稱為社會主義。

這種經濟型態的分類當中沒有提到市場。這點可能顯得頗為奇怪，因為許多針對資本主義替代方案所進行的辯論，都聚焦於市場與計畫之間的對立。實際上，資本主義的概念本身經常與市場畫上等號。不過，這是一種錯誤。市場不只存在於資本主義經濟當中，也同樣存在於任何可行的國家主義或社會主義經濟裡。問題是不同的權力型態會怎麼形塑市場內的去中心化交易的運作，而不是市場存不存在。德國總理梅克爾呼籲建立**遵循市場的民主**；但我們真正需要的其實恰恰相反，是**遵循民主的市場**：一個實質上從屬於民主權力的市場經濟。

把經濟體系看作是結合特定種類權力關係的生態系這種觀點，可以用來描述任何分析單元，不管是經濟部門、區域經濟、國家經濟，甚至是全球經濟。這些權力關係也互相貫穿個別生產單元，所以特定企業能夠以**混合體**的型態在它周圍的經濟生態系當中運作。資本主義公司裡如果有強大的員工委員會，成員由員工票選，而且員工代表能夠參與董事會，即是混合了資本主義與社會主義的元素。這麼一家公司仍然屬於資本主義公司，原因是資本的擁有者控制了公司的投資；但只要公司的運作也含有社會權力的行使，這家公司就不是純然的資本主義公司。

這種思考經濟體系的方法所帶有的一項含意，就是不該把資本主義與社會主義之間的差異視為一種簡單的對立，更不該認為經濟只能在這兩者之間二擇一。實際上，我們可以談論經濟體系帶有多少**程度**的資本主義或社會主義性質。從這方面來看，第三章討論的弱化資本主義這種長期策略，即是希望藉著擴張以及深化經濟體系裡的社會主義元素，從而削弱資本主義的主導地位。要做到這一點，就必須深化以及擴張經濟活動的各種民主安排方式。

民主社會主義經濟的建構元件

指稱社會主義的核心組織概念是經濟民主是一回事，但真正詳述一套依據這項概念建構的經濟制度設計又是另一回事。傳統上，反資本主義者一旦試圖這麼做，都會針對想像中的替代體系描述某種單一結構。有時候呈現出來的型態是精細的藍圖，但比較常見的做法是指出替代體系的一項特色制度機制，例如帶有中央計畫的國有化、去中心化的參與式計畫，或者以合作社型態持有與管理的公司為主的市場社會主義。

我無法為民主社會主義提出這樣的單一結構。我不認為這只是欠缺想像力的結果（儘管當然有可能是），而是我認為以單一制度機制為核心的社會主義經濟模式極不可能具有可行性。一個民主平等主義經濟的最佳制度布局，比較有可能是混合了各種不同型態的參與式計畫、公營企業、合作社、受到民主規範的私人公司、市場，以及其他制度型態，而不只是單獨依賴其中任何一項。

無論如何，一個可長可久的後資本主義民主經濟當中的經濟制度設計，必然會經由實驗與民主審議演變而來。在一個民主平等主義經濟當中，「可長可久」表示其制度布局能夠持續獲得經濟體系當中廣泛多數的參與者支持，因為他們如果不喜歡現況，就有力量可以改變遊戲規則。民主經濟希望實現的各種不同價值之間必然有所取捨；一套制度性的遊戲規則即是指引這些取捨的一種方式。一套穩定的體系，就是體系運作的持續長期結果能夠強化眾人對那些規則的遵循。

我不知道不同經濟組織型態應該採取什麼樣的制度布局才會有最好的效果，或是各種可能的布局之間在實務上會有什麼取捨；但我認為穩定的制度布局必然會含有多種不同的制度型態。

因此，與其嘗試提出一套近乎全面性的藍圖，我在以下只列出民主社會主義的部分關鍵組成元件。這些組成元件，有許多早就以不同的發展程度存在於資本主義經濟體系裡，因此構成了內在的替代方案；有些元件提出了新的制度安排，至少能以某種局部型態採行於資本主義當中，但是尚未採用；另外還有一些元件可能無法在資本主義居於主導地位的情況下受到採用。整體來看，這些元件乃是超越資本主義的民主目的地當中必須要有的部分基本元素。

無條件基本收入

無條件基本收入是從根本上重新設計所得分配機制。這個構想很簡單：一個區域裡的每一名合法居民不需要從事工作也不需要滿足其他任何條件，即可獲得一份能夠讓他們的生活水準維持在貧窮線以上的收入。無條件基本收入必須藉由增稅支應，所以雖然每個人都可得到這份收入，但所得超過特定門檻的人將會成為淨貢獻者（他們增加的稅負會超過他們得到的無條件基本收入）。既有的公共所得補助方案將會取消，除了與特殊需求有關的方案以外（也就是需要額外所得的殘疾人士）。規定最低工資的法律也不再有必要，因為人的基本需求一旦與工資無涉，就沒有理由禁止自願接受低工資的契約。相較於成人，兒童的無條件基本收入則會受到適當的調整。

大多數支持無條件基本收入的論點，都聚焦於基本收入能夠消除貧窮、減少不平等並且提升社會正義。這些當然都是重要議題。無條件基本收入如果夠高，對於讓所有人能夠平等取得享有美滿人生所需的物質條件這項平等主義理想而言，即是向前邁進了一大步。不過，在當前的情境下，無條件基本收入還有另一項重要的影響：在一個實施無條件基本收入的世界裡，人會遠遠更容易能夠選擇參與為了打造新型態的經濟與社會關係而推展的行動。資本主義的一項招牌特徵，就是大多數的成人都必須取得有薪工作才能獲取生活必需品。福利國家以資產審查為前提的所得移轉計畫（means-tested income-transfer programs）雖然多少減輕了這種需求，但大多數人還是很難拒絕資本主義勞動市場。無條件基本收入可讓這點變得容易許多，從而為人開啟各種全新的可能性。

舉例而言，在一個實施無條件基本收入的經濟體系裡，市場導向的勞工合作社將會變得遠遠更加可行，因為滿足勞工兼業主的基本需求不再必須依賴企業產生的收入。這麼一來，勞工合作社在銀行眼中的信用風險也會降低，從而比較容易取得貸款。

無條件基本收入將會造成大量資源轉移至藝術領域，令人得以選擇讓自己的生活聚焦於創意活動，而不是市場產生的所得；此外，這樣的轉移可以免除傳統上由國家藉著補助款與針對式補貼等方式支持藝術活動所導致的大量行政控制以及對於補助優先順序的篩選，也可以免除菁英藝術基金會的偏見。無條件基本收入還能夠為小農提供生計支持，而不會像現行的針對性政府農業補貼那樣，受益的通常都是農業綜合企業而不是家庭農場。因此，無條件基本收入可望促成詩人與農民的結盟，讓他們得以在擁有保障的基礎上從事市場與非市場活動。

社會與團結經濟，包括新型態的照顧合作社，都會受到無條件基本收入注入活力。此外，無條件基本收入也可為那些在市場之外從事家人照顧工作的人士提供支持。鑒於人口老化所帶來的人口結構壓力，無條件基本收入對於照顧衰弱的老年人這個問題而言，可以算是一種合乎平等主義、以社群為基礎並且以需求為導向的解決方案。

因此，可以將無條件基本收入視為民主社會主義經濟的一項核心建構元件，而不只是減輕資本主義部分傷害的一種方法。

合作式市場經濟

市場雖然可能是任何一種可行的複雜經濟的必要特徵，卻不一定要由遵循資本主義規則的資本主義企業主導。合作式市場經濟是一種安排市場導向經濟活動的不同方式，能夠擴張民主程序的範圍。「合作社」的概念包含了各種極不相同的經濟組織：例如消費合作社，由消費者擁有，並且由消費者成員選出理事會來施行間接管理；信用合作社（通常稱為儲蓄互助社），形式上由成員管理；生產合作社，成員為私營公司，為了各種目的而集結起來，最常見的是食品加工、分銷與行銷；住宅合作社，包括公共住宅、共居住宅以及其他許多形式；團結合作社，由選出的持分者委員會管理；還有勞工合作社，由勞工擁有，採取一人一票的民主管理方式。這種種類別的合作社都與建立合作式市場經濟關係密切。在民主社會主義當中，遊戲規則的設計將會促進這些合作式經濟組織的活力。

合作社強化經濟民主的原因有二。第一，合作社本身就在不同程度與不同方式下受到民主原則支配，因此是較為民主的經濟當中不可或缺的組成元素。第二，由於合作社植根於地理位置，因此投注於合作社的資本遠遠沒那麼容易流動，所以也就不太可能會為了逃避國家規範而遷移。合作社雖然和所有的市場導向企業一樣，可能會反對某些影響其利潤的規範，卻比較不可能藉由威脅要遷出國家管轄範圍來阻擋這類規範。所以，合作社比較容易臣服於國家制定的民主優先目標。

整體來看，這些合作式經濟組織早已是既有市場經濟當中的重要元素。〈衡量合作式經濟的規模與範圍〉（Measuring the Size and Scope of the Cooperative Economy）這份二〇一四年的聯合國報告指出，在歐洲與北美，超過三分之一的人口都擁有某種合作社的成員身分；而且合作社在歐洲產生了超過百分之七的國內生產毛額，在北美則是百分之四。不過，這些合作社大多數都是信用合作社、消費合作社與生產合作社，其中許多的運作方式都與一般的資本主義公司極為相似。至於勞工合作社這種和資本主義組織對比最強烈的合作社型態，則通常規模很小，在既有的資本主義經濟當中也只扮演有限的角色。

勞工合作社對於經濟民主的實現尤其重要，因為在勞工合作社裡，勞工擁有公司，生產也透過民主程序管理。勞工合作社雖然是為了市場而生產，依循的卻是與資本主義公司非常不一樣的價值：團結、平等、民主治理、工作尊嚴、社群發展。在資本主義經濟裡，除了極少數的例外，勞工合作社通常都只是處於經濟體系邊緣的孤立小公司。在民主社會主義經濟裡，勞工合作社可望構成一個可觀的部門，甚至可能會是主要的組織型態，從事許多物品與服務的市場生產。

我們有理由相信勞工合作社的前景在二十一世紀可能有所改善。尤其是與資訊科技革命相關的科技變遷已在許多經濟部門當中造成規模經濟的縮減，從而降低了大規模生產的競爭優勢。這點又可望使得由勞工擁有並且受到民主管理的公司更為可行。採取古典馬克思主義的術語來說，生產力的改變擴展了新生產關係的可能性。

儘管如此，除非資本主義經濟當中的遊戲規則出現重大改變，否則這種潛力不太可能獲得實現。能夠為勞工合作社開啟更多空間的規則改變包括：

- **無條件基本收入**。如同先前提過的，無條件基本收入將可讓勞工兼業主不再這麼依賴合作社企業產生的收入，從而降低成立合作社的風險。
- **推行公共方案促使資本主義公司轉變為勞工合作社，尤其是小型的家族企業**。促使資本主義公司把股份分給員工的方案早已存在於美國及其他國家。這類員工認股制度當中的權力雖然仍是以一股一票為基礎，卻有可能成為一道橋梁，讓資本主義企業能夠轉變為完全由勞工擁有的民主管理公司。
- **支持合作社的專門公共信用機構**。由於合作社是目標在於實現平等、民主與團結等價值的經濟所不可或缺的關鍵組成要素，因此也就有充分的理由成立目的在於把資源導向合作社發展的公共機構。無條件基本收入雖可讓勞工合作社更容易向一般商業銀行取得貸款，但純粹市場導向的銀行業畢竟還是無法滿足合作社發展的資金需求。由此可見，還是有需要成立新的公共信用機構，負責以低於市場標準的利率向合作社提供貸款。

- **受到公共支持的合作社發展措施**。地方自治體在培育合作社發展方面可望扮演重要的角色。合作社面臨的一大障礙，就是平價空間的取得，在高度都會化的區域尤其如此。城市能夠開闢專供合作社使用的空間，將之納入長期社群發展計畫。舉例而言，在其中一種模式裡，市政府擁有土地與建築，把空間出租給合作社。在另一種模式裡，空間則是受到社區信託基金會控制，並且由合作社及其他持分者選出的委員會管理。
- **公共出資的合作社組織與管理訓練計畫**。經營勞工合作社並不簡單，尤其是在合作社有所成長，不再只有極小的規模之後。資本主義公司所處的環境，有許多商學院與管理訓練課程提供營運公司所需的技能。一個活躍的合作式市場經濟，也需要有教育學程培養以及傳播有效經營民主公司所需的組織技能。

資本主義遊戲規則的這些改變，將可讓勞工合作社成為合作式市場經濟當中一個蓬勃發展的部分。

社會與團結經濟

社會與團結經濟是一個概括性用語，涵蓋了各式各樣植基於社群、體現平等主義與團結主義價值，並且致力於某種需求導向或社會正義使命的經濟活動與組織。社會／團結經濟裡的組織經常都是合作社，但也可以是其他種類的組織：非營利組織、互助會、志願協會、社區組織、社會企業（懷有強烈社會使命的商業公司），或甚至是教會。在世界上的某些地區，社會／團結經濟與所謂的「非正式經濟」重疊，也就是沒有受到正式承認與公共規範的經濟活動。不過，社會／團結經濟也可能涵蓋擁有長期員工的持久組織。

社會／團結經濟經常出現於貧窮而且資源不足的社區裡，是一種為了填補社會供給缺口而採取的生存策略。一旦發生嚴重的經濟危機，例如二〇〇〇年的阿根廷與二〇〇九年的希臘所遭遇的狀況，各式各樣的社會／團結經濟活動就會大量湧現：時間銀行與地方貨幣*；社區廚房；自助工具圖書館；社區農圃；照顧交換；免費診所；以及其他許多做法。不過，社會／團結經濟不僅是面對邊緣化與危殆處境的因應方式；也是那些想要在更加社群主義而且需求導向的基礎上建立經濟關係的人士促成的結果。舉例而言，加拿大的魁北克省就擁有活躍的社會／團結經濟，其中包含托育中心、老人照護與殘疾照護服務、資源回收、表演藝術、平價住宅、創客空間，以及各式各樣的合作社。投身於社會／團結經濟的運動人士，通常認為自己的努力是在資本主義當中打造解放性的飛地，讓人能夠過非常不一樣的生活。

在民主社會主義經濟裡，社會／團結經濟的空間幾乎可以確定必然會更加擴張。無條件基本收入不只能夠資助市場導向的合作社，也讓人更容易選擇從事非市場性的社會／團結經濟活動，原因是他們藉由那些活動支持生計的需求將會大幅降低。此外，社會／團結經濟也可能是提供特定種類服務的最佳方式。兒童托育、老人照護與殘疾照護服務都是很好的例子。原則上，這些服務可以透過四種不同程序提供：由國家直接提供，由立基於市場並且追求利潤的公司提供，由家庭提供，或者由社會／團結經濟當中的各種組織提供。在民主社會主義經濟裡，這四種選項全都會存在，但由公共資金提供的社會經濟型態照護服務可能會特別活躍。公共資助體現了讓所有人都能取得這種服務的平等主義價值；社會／團結經濟型態的供給則強化了社群和民主參與的價值。

資本主義公司的民主化

弱化資本主義的概念不僅是削弱資本主義投資與公司在市場中的主導地位；也包括弱化資本主義公司本身的資本主義性質。這是什麼意思？弱化公司的資本主義性質，就是限制伴隨著「擁有生產工具」而來的各種權利。對生產工具擁有財產權，其實是一團團複雜的權利。在資本主義社會裡，國家在長時間的演變下已經對這些權利施加了重大限制。舉例而言，最低工資法限制了雇主的權利，使得雇主不能僅僅支付員工願意接受的工資。規範工作場所的衛生與安全法規，限制了在危險環境安排生產過程的權利。汙染與安全法規，限制了強迫他人負擔成本的權利，即便這會是一家公司追

＊譯注：時間銀行是一種以時間為貨幣的制度，認為所有人的工作時間平等，因此每個人從事工作的時間都可以儲蓄起來，用來換取別人為你提供同樣時間長度的服務。地方貨幣則是只流通於一個地區的貨幣，用於鼓勵民眾在當地消費，藉此為當地人經營的事業提供支持。

求最大利潤的最佳策略。就業保障法限制了雇主隨時解僱員工的能力。在民主社會主義經濟裡，這些對資本主義公司的私有財產權所施加的限制將會更加擴張並且深化，以便促進平等、民主與團結的價值。這類公司仍然算是資本主義公司，因為個人還是可以把自己的資本投注於公司，並且獲得投資報酬，但伴隨著這類私人投資而賦予公司的權利，將會受到遠比資本主義經濟當中更大的民主限制。

資本主義財產權的某個層面，為經濟民主概念構成了特別尖銳的挑戰：這個層面就是雇主把公司建構成威權工作場所的權利，不讓一般勞工在決策過程中扮演固定性的角色。在資本主義經濟裡，大多數人都認為權力集中在雇主手中是正常的狀況，不論雇主是單一的個人還是一家企業的管理高層。你一旦受僱為一家私營公司工作，雇主當然有權命令你做事，只要那些命令不違反法律即可。你如果不喜歡雇主下的命令，隨時都可以辭職。在民主社會主義經濟裡，民主的基本權利將會延伸到職場上。這種情形已經在有限的程度上發生於部分資本主義經濟體當中。以德國為例，「共同決定法」規定員工超過兩千人的公司必須由員工選出近半數的董事會成員，員工人數介於五百至兩千人之間的公司則是三分之一。許多國家都規定一定規模以上的公司必須設置票選出來的員工委員會，藉此讓員工對於工作條件與工作場所當中的衝突握有些許的權力。

在民主社會主義經濟裡，資本主義公司員工的民主力量將會獲得擴張與深化。在《公司是政治實體》（*Firms as Political Entities*）這部著作裡，伊莎貝爾・菲雷拉斯（Isabelle Ferreras）提出了一種達成這項目標的方法：一定規模以上的資本主義公司必須受到兩院制的董事會管理，其中一個董事會依照傳統方式由股東選出，另一個則是由員工以一人一票制選出。她主張公司是與國家頗為類似的政治實體。畢竟，最大的全球企業的年收入遠多於大多數國家。在國家的代議民主發展過程中，經常會有一段時期是由兩院制當中的一個議院代表資產擁有者（例如英國的上議院），另一個議院代表人民（下議院）。同樣的，兩院制的董事會也可以選出現代企業的高層管理團隊，而且所有的重要企業政策決定都必須由兩個董事會投票通過。這麼做將可大幅限縮經濟權力在企業內部的行使，並且擴張社會權力所扮演的角色。

把銀行轉變為公用事業

若是以更廣泛的觀點進一步討論民主社會主義經濟當中的合作社對於專門化公部門信用機構的需求，則銀行將會大體上都成為公用事業，而不是為老闆追求最大利潤的私營公司。大多數人都把銀行想成一種特殊企業，收取儲戶的存款，再以貸款的方式把這些存款借給其他人及企業。按照這種理解，銀行是中介者，分別為想要藉由存錢賺取利息的人與需要貸款執行計畫的人服務。不過，這種「可貸資金模型」其實不是銀行業的運作方式。在不深談技術性細節的情況下，銀行借出的貸款其實遠多於它們收取的存款。也就是說，銀行借出貸款具有創造貨幣的效果。銀行怎麼做到這一點？做法是以較低的利率向中央銀行借款，再以較高的利率貸放出去。祕訣就在這裡：中央銀行能夠無中生有創造出貨幣。這點在市場經濟當中很重要，因為這樣可以讓人不必親自存下足夠的資金，就能發動生產計畫。

這種創造貨幣的活動之所以可行，原因是在資本主義經濟裡，國家授權並且支持私人營利銀行發揮創造貨幣這種公共功能。如同法律學者霍克特（Robert Hockett）所言，這麼做使得私營銀行成為國家特許企業。在資本主義當中，銀行的使命是為老闆追求最大的利潤；在社會主義經濟裡，銀行則被視為公用事業，其使命將包含各種社會優先目標。說得更明確一點，銀行將會獲得授權，根據貸款給不同種類的公司與計畫所帶來的正面社會外部性加以考慮。

國家供應的物品與服務

在非市場供應物品與服務的型態當中，與社會主義的概念相連而且最為人熟悉的一種，就是國家直接供應。不過，這種供應型態不必然需要透過由上而下的中央集權官僚體系為之。國家供應特定物品與服務的責任，可以透過這兩種方式達成：由國家直接安排這類物品與服務的生產，以及由國家資助並監督各式各樣非國家型態的組織。這樣能夠促成以高度去中心化的方式生產由國家資助的服務，這當中地方社區與組織會積極參與國家和社會之間的經濟夥伴關係。

當然，要確認哪些服務適合透過市場生產，哪些適合由國家直接供應，哪些又適合由國家資助各類非國家組織提供，並不是一件簡單的事情。這是在民主社會主義經濟當中，必須透過民主審議與實驗來決定的其中一個問題。不過，直接與間接的國家供應無疑會包含以下這些的大多數服務：照顧服務，諸如醫療照護、兒童托育、長者照顧、殘疾照護；為了社區活動與過程而設置的公共場所，諸如社區中心、公園與休閒設施、戲院、藝廊，以及博物館；各層級的教育，包括進修教育、終生學習中心與技能重新訓練課程；運輸的傳統實體基礎建設；還有各式各樣的公用事業。集體來看，這些功能隨隨便便就可涵蓋一個科技先進的資本主義經濟當中超過百分之五十的經濟活動。

由國家供應這類服務，是資本主義經濟體系當中的國家社會主義成分的一項元素。在新自由主義時代，這類國家供應有許多部分已經局部或完全私有化，經常是由國家把服務的提供外包給資本主義企業。在美國，這樣的做法包括成立營利私人監獄以販售監獄服務，以及軍事承包商向國家販售武裝保全服務。有些快速道路也販賣或出租給私人公司。在瑞典這個代表性的社會民主國家，為數眾多的公家補助學校也都外包給營利資本主義企業經營。許多國家的鐵路已經私有化，還有水處理和遞送服務也是如此。

當然，有些東西不論是國家還是市場都可以有效供應，所以結果就會是這兩者的混合。以書籍為例，在書店和圖書館都可以取得書籍。商業書店依據付款能力向人分配書籍，圖書館則是依據「給予每個人各自需要的東西」這項原則分配書籍。在圖書館裡，一本書如果已經出借，那麼想看這本書的人就會登記在一份等候名單上。書籍的配給乃是依據一項深具平等主義精神的原則，認為每個人的一天都有同等的價值。於是，資源豐碩的圖書館就會利用等候名單的長短判斷是否需要多訂購某一本書。圖書館經常也會分配其他重要資源：音樂、影片、公用電腦、工具、玩具、會議室，有些圖書館也會提供表演空間。因此，圖書館構成了一種體現平等主義理想的分配機制，也就是讓每個人都能夠平等取得達成美滿人生所需的資源。在民主社會主義經濟裡，像圖書館這樣能夠讓人取得許多資源的非市場供應方式將會更加擴張。

資本主義公司生產的服務，會由市場決定其販售價格；但這些服務如果是由國家提供，向消費者收取的價格就成了一種政治決定。有些服務能夠獲得眾人一致認同應該免費提供給直接使用那些服務的人：公共教育就是典型的例子。不過，對於其他許多型態的國家供應而言，則是存在著模糊地帶。公園、動物園與博物館是否應該向民眾收取入場費？圖書館呢？快速道路應該設置收費站嗎？從環保角度來看，一項特別重要的例子是大眾運輸。在資本主義社會裡的大部分地方，就算大眾運輸是由國家直接提供，乘客也還是必須買票。在民主社會主義經濟裡，大多數的大眾運輸幾乎必然會免費提供搭乘。理由很簡單：擁有高品質而且受到大量使用的大眾運輸，對於整體社會能夠帶來極大的效益，對於環境品質更是如此。這些效益就是經濟學家所謂的「正面外部性」。這些正面外部性能夠為社會帶來真正的價值，而如果把這些價值納入個別乘客票價的計算考量當中，那麼最佳價格幾乎可以確定必然是零。由於這樣的正面外部性，民主社會主義經濟裡許多由公共出資的服務很可能都會免費提供大眾使用。

同儕合作生產

國家供應絕不是非市場生產當中唯一重要的型態。在網路時代，同儕合作生產是一種特別引人注目的非市場經濟活動。維基百科是最為人熟知的例子，由世界各地的數十萬人分別貢獻多寡不一的時間增添新內容、監控條目、修正錯誤，以及對文章裡的說法提出質疑。任何人都可以編輯別人貢獻的內容，而且所有貢獻者都不支薪。截至二〇一八年為止，維基百科已有超過五百萬篇的英文文章，還有以另外十三種語言寫成的超過一百萬篇文章。此外，全世界的任何人只要能夠連上網路，都可以免費使用維基百科。鑒於公共圖書館在提供上網電腦方面的角色愈來愈重要，這表示在所有經濟上已開發的國家以及許多開發程度較低的國家，幾乎全部人口都可以不受限制地免費取用這項資源。維基百科成立於二〇〇一年，結果幾乎摧毀了歷史超過兩百年之久的百科全書資本主義市場。

維基百科存在於資本主義世界裡，但是在生產及分配某種對人而言具有相當價值的東西這方面，卻採取了一種根本上反資本主義的方式。同儕合作生產不單純只是**非**資本主義，而是奠基於根本上反對資本主義的價值，尤其是平等與社群的價值。在現行的資本主義經濟當中，同儕合作生產確實盤據了一個角落，與資本主義生產並存，也經常與資本主義公司平順互動。舉例而言，Linux電腦作業系統就是由同儕合作生產方式打造而成，也透過這種方式持續改良，而且Google和其他高科技資本主義公司也會使用。那些公司認為這項資源的價值相當高，甚至願意付錢請公司內的部分工程師為這項同儕生產過程出力，儘管公司無法對成果申請專利。（Linux擁有「開源」授權的專利，目的是要避免這套軟體被人轉變為私有財產。）因此，同儕合作生產就像公共圖書館一樣，不僅是一種不同於資本主義生產關係的平等主義做法，也能夠在資本主義當中發揮功能。

在民主社會主義經濟裡，同儕合作生產對於促成各式各樣的經濟活動能夠扮演重要角色。想想以下這一點：在二十一世紀，製造業當中的許多區塊都會愈來愈採取電腦驅動式的自動化生產，採用3D印表機與自動化機器工具等裝置。在許多情境下，這類機器會大幅縮減規模經濟，從而可讓小規模生產者組成合作社，以訂作的方式製造產品。這種由資訊科技促成的去中心化小規模生產，有一個關鍵問題在於人如何能夠針對自己希望生產的產品取得設計程式以及所需的資本設備。創造以及散播這類設計程式的一個方法，就是透過同儕網路建立全球通行的龐大圖書館，提供可以免費下載的設計。這些設計將是非專利性而且可以自由分享，只要是能夠取得必要生產工具的人都可以使用。至於數控工具機與3D印表機等生產工具本身的財產權，可以採取各種不同的安排方式：由個別的合作社擁有；由合作社與小公司組成的集團擁有；由市政府或其他公共機構擁有，再租賃給合作社。如此一來，同儕合作產生的設計圖書館便可解決複雜產品設計的取得問題；那些設計的創用授權可以解決平等取得的問題；而公共與合作所有制則能夠解決取得生產工具以使用那些設計的問題。

知識共享

現代資本主義生產的其中一項基礎是智慧財產權，尤其是專利權。一般為專利辯護的理由，都是指稱專利為創新提供了必要的誘因，所以對創新率具有正面影響。創新必須承擔風險，因為沒有人能夠保證投入於研發的時間、資源與精力必然會帶來成功的創新。許多有意創新者如果無法確定自己能夠限制別人取用他們的創新，就不會願意負擔那些風險。這就是為什麼專利的承諾能夠為創新提供誘因。不過，專利顯然對創新率也有負面影響，也就是減緩了散播、模仿以及改進既有創新成果的速率。

我們無法知道智慧財產權對創新的誘因效果究竟是正面還是負面影響比較大。能夠確知的是，專利可讓企業限制別人取用它們的創新，藉此大幅提高自己的利潤。這點在製藥產業造成的影響尤其醜惡，企業因為專利保護而得以將關鍵藥物的價格提高到遠比生產成本高出許多。不過，無論是哪種產業，只要有一項深富價值的專利阻擋了某種科技的取用，就會發生這種「獨占租」（採用經濟學家的術語）的情形。

近數十年來，希望讓知識普及於全人類的倡議人士已創造出不少私有智慧財產權的替代方案。概括來說，這些方案稱為「開放取用」授權，包括開放版權（Copyleft）、開放專利（Patentleft）、創用授權，以及生物開源授權（Biological Open Source）。以上這些以及其他授權方式都曾用來保護各種東西的開放狀態，包括開源軟體、具有農業與醫藥應用價值的科學發現、文化產品，以及其他形式的知識。在民主社會主義經濟裡，私有智慧財產權與為數有限的專利雖然可能還有些殘餘的影響，但整體而言，科學與技術方面的知識和資訊都會被視為知識共享的一部分。

以上探討的這些項目如果能夠大量實現，我們就不再是生活在資本主義經濟裡。不過，不同元素的確切混合方式以及相互連結的方式可能會有極大的差異。我們可以輕易想像一個民主社會主義經濟，其中許多直接由國家供應的服務，都被公共資助的社會／團結經濟供應的服務所取代；但同樣也可以想像一個這種做法並未在經濟生態系裡占有重要地位的民主社會主義經濟。在物品與服務的市場生產和各種非市場生產型態這兩者的相對規模方面，或是在合作社及其他型態的市場導向企業之間的相對重要性方面，不同的民主社會主義經濟體可能會有很大差異。無條件基本收入可以是所得重分配的關鍵機制，但我們也可以想像另外一種布局方式，一方面以「人人都有好工作」這種方式讓每個有能力工作的人都能獲得生計保障，另一方面又實施慷慨的以需求為本位的所得移轉方案，為無法工作的人提供生計來源。因此，本章討論的經濟安排只是羅列出各種建構元件，而且也絕非完整。在超越了資本主義之後，未來任何一個可長可久的民主社會主義經濟對於各種元素所採取的實際布局方式，都會是一段漫長的民主實驗過程所造成的結果。

回頭探討策略的問題

對於超越資本主義之後的目的地有了上述概念之後，我們面對的根本策略問題就是如何創造適當的環境，使這種長久的民主實驗有可能實現。只要資本主義處於主導地位，這種實驗就會深受限制。不過，第三章闡述的策略願景主張我們可以藉著弱化資本主義而逐步創造這類條件，方法是透過由上而下的拆解與馴服資本主義，以及由下而上的抵抗與逃離資本主義。

由於資本主義關係對於經濟的民主化具有極大束縛，很容易就可以看出傳統革命觀念的吸引力何在，亦即認為要打破資本主義的主導地位，就必須斷開維繫那種主導地位的權力關係。這種攫取權力的做法將會啟動建立解放性替代方案的長期計畫，讓民主實驗在其中發揮效用。我認為這種斷裂式願景只是幻想，至少在可見的未來是如此，因為體系性的斷裂顯然不可能促成建立一個民主、平等而且團結的經濟所需要的長久民主實驗。體系性的斷裂當然有可能在未來某種嚴重危機的狀況下發生，但證據顯示這樣的情形不會創造出民主社會主義所需的條件。

不過，弱化資本主義的主導地位不也一樣難以實現嗎？主張資本主義當中有空間可以抵抗資本主義的傷害是一回事，這種情形經常發生。逃離資本主義一樣也有可能，也就是在資本主義的縫隙與角落裡打造體現解放性價值的經濟關係，例如合作社、同儕生產、社會經濟，以及公共圖書館。即便在資本主義居於主導地位的情況下，這些也都是「遊戲裡可能的行為」。問題是，資本主義的遊戲規則嚴重限制了這類行為的空間。說得更明確一點，既有的規則似乎不太可能允許替代做法朝著大幅弱化資本主義支配性的方向成長。這就是為什麼弱化資本主義的策略必須搭配**拆解**資本主義：也就是改變構成資本主義權力關係的遊戲規則，以便為解放性替代做法開闢更多空間。歷史上，資本主義的規則偶爾會受到更改，以便消除資本主義若干最嚴重的傷害。這種做法是馴服資本主義。拆解資本主義則不僅是消除傷害，還要對影響資本主義核心權力關係的遊戲規則做出改變。這是一項遠遠更大的挑戰。

要瞭解這項挑戰的本質，我們必須把焦點轉向國家。這就是下一章的主題。

5 反資本主義與國家

許多人雖然懷有解放性的抱負，希望追求更為平等、民主與團結的世界，卻還是對弱化資本主義的策略抱持非常懷疑的態度。在這種懷疑態度的核心，就是認為資本主義社會當中的國家性質使得這種做法無法實現。弱化資本主義的策略結合了兩種元素，一種元素是公民社會在可行的空間當中建立解放性經濟替代做法的行動，另一種元素則是藉由國家干預而以各種方式擴張這些空間。因此，這項策略雖然不純粹是國家由上而下的指導，但確實需要至少獲得國家的部分支持。懷疑人士自然會問：解放型態的經濟活動與關係如果真的成長到對於資本主義的主導地位造成威脅，難道不會遭到國家壓制嗎？況且，如果反資本主義的政治勢力得以藉由民主方式取得對於國家的控制，以便進一步推動反資本主義的計畫，這種情形難道不會引發支持資本主義的勢力直接摧毀民主本身？想想智利的狀況：智利在一九七三年透過民主程序選出的阿言德（Salvador Allende）政府，因為推動社會主義的計畫而遭到軍事政變推翻，導致國家落入長達十七年的高壓獨裁統治。所以，鑑於國家的階級性質與強制力量，弱化資本主義怎麼可能是超越資本主義的有效策略？

要回答這個問題，我們必須探討國家理論當中的幾個困難議題。

資本主義國家的問題

關鍵的議題是，資本主義社會裡的國家，對於確保資本主義的長期主導地位，在多大程度上是整合一致的有效機器。

在資本主義批判者的理論探討當中，長久以來都認為資本主義社會裡的國家是用來複製資本主義。這種主張背後有兩項彼此相連的論點：第一，國家受到與資產階級關係深厚的強大菁英分子所把持。他們以國家力量服務那個階級的利益，尤其是阻擋一切對於資本主義的重大挑戰。第二，國家機器的制度設計也有助於複製資本主義。

此處的概念不只是認為強大的菁英分子利用國家追求自己的利益（儘管實際上也可能是如此），而是國家的內在結構存在著先天的偏頗，偏向資產階級的利益。由於這個原因，這種國家才會稱為**資本主義國家**，而不是**資本主義社會裡的國家**。這兩項論點具有互相強化的效果：第一個論點解釋了國家的決策者為什麼通常會對反資本主義計畫懷有敵意；第二個論點解釋的則是，即便在真心懷抱反資本主義目標的政治行動者掌握了權力之後，為什麼還是無法長久推行反資本主義政策。這兩項論點結合起來，隱含的意義即是資本主義國家無法為弱化資本主義主導地位的策略充當政治工具。

以下這幾個例子，經常被引為有助於複製資本主義的資本主義國家特徵：

- 資本主義國家的收入，來自產生於資本主義市場經濟的稅收。這表示國家必須依賴活躍、健康而且獲利豐厚的資本主義：如果沒有獲利，就不會有投資；私人投資如果衰微，收入與就業機會就會下滑；收入與就業機會如果下滑，稅收就會減少。因此，減損資本主義獲利的國家行為終究會對國家本身造成傷害。就算是左翼的政治勢力，一旦掌權，也必須煩惱如何維持「良好的商業環境」。
- 用來招募政務官與文官等權力龐大的國家官員的選拔機制，對於菁英的偏好總是勝過一般百姓。這造成了有助於保持權力與優勢地位的強烈偏向，一方面是因為政治權力的掌握者本身的個別利益，另一方面也是因為政治菁英身處的社交網絡使得他們與資本主義菁英密不可分。就算有個反對資本主義的政黨贏得了選舉，其所面對的官僚結構也還是充滿了對反資本主義抱持敵意的人。

- 私有財產權深植於「法治」當中的神聖性，再加上規範法院的程序規則，確保了資本主義財產能夠受到資本主義國家的強力保護。

在這種資本主義國家理論最強烈的版本當中，國家的這些以及其他結構性特徵確保了它的核心功能在於捍衛以及複製資本主義。在比較弱的版本裡，這些特徵並不**保證**資本主義國家必然會對資本主義有利：國家仍有可能做出各種愚蠢的事情而損及資本主義。儘管如此，國家的資本主義性質還是阻擋了國家全面採行反對資本主義政策的可能性。就算資本主義國家的所作所為不是完全都對資本主義具有最佳效益，這種國家的本質還是阻擋了持久的**反資本主義**。

這種理論反映了一項重要的現實：資本主義社會裡既有的國家具有深植於其結構裡的偏向，而這些偏向大致上都有助於支持資本主義。不過，儘管有這些結構性偏向，卻不表示我們絕對不可能設法利用國家來削弱資本主義的主導地位。有兩項議題尤其值得考慮：第一，構成國家的機制充滿了內在矛盾；第二，對於國家的功能性要求也存在著矛盾。且讓我們依序檢視這兩者。

國家的內在矛盾

我們在第三章探討了弱化資本主義，並在第四章探討了以民主社會主義做為超越資本主義之後的目的地；而在那兩章的討論當中，一項關鍵主張就是我們應該把「資本主義」的概念視為一種理想類型。實際上的經濟體系乃是雜亂的混合體，由資本主義關係與非資本主義關係結合而成，其中有些非資本主義關係甚至可能是反資本主義關係。這就是為什麼我們把資本主義描述為一種經濟生態系，資本主義在其中只是具有主導地位，而不是唯一的存在。

同樣的觀念也應該套用在國家上面。「資本主義國家」的概念也是一種理想類型。實際上的資本主義國家是由各種相異的機制體系鬆散結合而成，只是有助於複製資本主義的機制在其中具有主導地位而已。國家機制就像經濟機制一樣，在不同的時間與地點所體現的支持資本主義偏向也是程度不一。階級利益和其他利益之間不同的平衡點體現在國家的不同部位，是對國家的競逐之明確歷史的結果。因此，妥協與讓步，還有勝利與落敗的演變，都記錄在政治制度的正式設計與非正式常態當中。

不同的國家機制各自具有高低不一的資本主義性質，這點當中最值得注意的是民主的問題。決策與負責的型態愈是具有深厚的民主性，國家機制的階級性質就愈不會帶有那麼純粹的資本主義色彩。即便是普通的議會民主，也向來帶有自相矛盾的階級性質：選舉民主的遊戲規則雖然大體上確實會以支持資本主義主導地位的方式限制以及平撫階級鬥爭，但在選舉涉及真實民主競爭的情況下，也的確有可能會在立法機構的階級性質當中帶來緊張關係以及不確定性。在危機與大眾動員的時刻，那些緊張關係可以放鬆新型態的國家措施在可能性上的限制。

因此，深化與重振民主的努力，即可望稀釋（不是消除，而是稀釋）國家機制的資本主義性質。這不只是強化普通國家機器的民主過程，同時也強化了所有現代國家當中的各種委員會與組織的民主過程。深化民主也不單純只是把中央集權的民族國家民主化，同時還包含地方與區域的國家機制的民主化。就思考國家措施如何能夠擴張非資本主義經濟措施的空間而言，對地方政府（local state）的民主品質所進行的抗爭可能特別重要。

自相矛盾又備受質疑的功能性

如同先前提過的，資本主義充滿了自我毀滅的傾向。常見的例子包括：

- 雇主都想要盡可能壓低員工薪資以便追求利潤最大化，但這樣的做法反而會降低市場上消費者的購買力，從而導致資本家生產的物品更難賣出去。
- 一家公司如果提供良好的在職訓練，就會擁有生產力更高的員工，但提供這種訓練的成本很高。如果一個部門裡只有部分公司提供這種訓練，那麼這些公司就必須承擔自己的員工遭到其他不必背負訓練成本的競爭對手挖角的風險。如此造成的結果，就是所有公司對於大筆投資在職訓練都會感到遲疑。
- 金融部門易於陷入投機「泡沫」，也就是眾人紛紛借錢投資價格正在上漲的資產。投資人認為，由於資產價格不斷上揚，因此自己可以在賣掉資產之後輕易償還貸款。隨著愈來愈多人借錢投資那項資產，就會進一步推升資產價格。最後，泡沫破裂，價格崩跌，許多投資人因此還不出貸款，從而引發銀行部門的危機。由此帶來的結果，就是週期性的嚴重經濟危機，導致許多公司倒閉、嚴重傷害大量人口，也增加了社會的不穩定性。

- 資本主義造成的財富與所得不平等通常會隨著時間而擴大；這種情形會造成衝突，尤其是階級衝突，而要控制這樣的衝突可能必須付出非常高昂的代價。
- 只要是在不會被抓到的情況下，公司就有把成本轉嫁給別人的強烈誘因，典型的例子即是汙染。經過一段時間，這種負面外部性就可能會嚴重危害環境，導致所有人都為此付出昂貴代價。氣候危機是最引人注意的例子。
- 公司之間的資本主義競爭會產生贏家與輸家，而這樣的情形經過累積之後，通常會在特定部門裡造成權力集中的結果。這樣的獨占權可讓公司採取掠奪性的行為，包括對消費者以及對其他資本主義公司。

資本主義如果不受約束，包括以上這些情形在內的種種自我毀滅傾向就會削弱資本主義本身的活力。所謂資本主義國家具有複製資本主義的功能，就是認為國家有責任提供各式各樣的規範與干預措施（有些人稱之為引導機制）對抗這些自我毀滅的過程。

不過，這卻是一件很困難的工作，原因有幾個：問題如果很複雜，通常表示我們難以看出什麼樣的政策對於複製資本主義而言最適合；特定問題的有效解決方法可能會違反某些部門或資本家群體的利益，而他們的反抗可能就足以阻擋有效的解決方案；由於複製資本主義有許多不同的合適條件，所以其中有些毀滅性傾向的解決方案可能會損及其他毀滅性傾向的解決方案。最後這個問題可能是最令人頭痛的一項。舉例而言，藉著發展福利國家以減少各種社會衝突的國家政策，經過一段時間之後所需的課稅與重分配程度，可能會侵蝕資本的積聚。這種情形有時被稱為國家的合法化功能（促成同意以減少衝突）與積聚功能（創造獲利以及資本積聚的最佳環境）之間的矛盾。另一個例子是支持工會的國家政策。這類政策有助於抑制破壞性的階級衝突，並且促成公司內部的管理階層與勞工階層之間的建設性合作，因此有裨益資本主義的效果；但經過一段時間之後，強大的工會有可能造成就業僵固性，使得公司難以因應國際上的競爭挑戰。複製資本主義的功能性條件所具有的複雜度與多重層面，表示可能永遠不會有穩定的平衡：隨著時間過去，某些問題的解決方案只會造成其他問題惡化。

在資本主義國家支持資本主義的做法當中存在的許多這些矛盾，都可以描述為一種時間落差，一方面是國家支持資本主義的行為所造成的短期效果，另一方面則是長期的動態後果。支持主導性經濟結構的國家行為，主要是對當下的環境、挑戰與壓力所做出的反應。不過，對那些挑戰做出的反應可能會有相當不一樣的長期效果。因此，有效的短期國家行為與這些行為的長期動態後果之間就會出現不一致的情形，有時可能會對既有的權力結構造成真正的威脅。如同第三章提過的，這是一種理解封建制度弱化過程的方式。封建國家以多種不同方式促進商業資本主義的發展，但長期下來，商業資本主義的動態卻侵蝕了封建關係。商業資本主義協助解決了封建統治階級面對的立即性問題，而這才是重點所在。

同樣的，在二十世紀中葉，資本主義國家也助長了活躍的公部門以及對資本主義的公共規範，這些都是與社會民主主義相關的做法。社會民主主義協助解決了資本主義當中通常被稱為「市場失靈」的一系列問題：總需求不足以為資本主義生產提供蓬勃的市場；具有毀滅性的金融市場波動性；欠缺促成勞動力穩定再生的公共財；以及其他種種問題。藉著協助解決這些問題，社會民主主義強化了資本主義——但極為重要的是，社會民主主義也在同時為經濟生態系當中的若干社會主義元素擴展了空間：透過國家供應勞工物質生活條件的大量成分而造成勞動力的局部去商品化；透過有利勞工的勞動立法，在資本主義公司與勞動市場內增加勞動階級的社會權力；以及深化國家的行政能力，以便施行有效的資本規範，因應投資人與公司在資本主義市場中的行為所造成的最嚴重的負面外部性（汙染、產品與工作場所危害、掠奪性市場行為、市場波動性以及其他問題）。短期的務實解決方案所體現的原則，具有長期而言弱化資本主義主導地位的潛力。許多資本家也許不歡迎這些國家措施，甚至覺得備受威脅，但社會民主國家確實協助解決了實際上的問題，而因此獲得容忍。

由於這些國家作為在二十世紀中葉促成了資本主義的穩定，有些人因此以為這就代表這些政策沒有任何非資本主義的色彩，也絕對毫無侵蝕資本主義的效果。這種看法是錯的。國家干預措施絕對有可能一方面具備為資本主義解決問題的立即效果，甚至因此強化資本主義，但同時也促成某種動態，隨著時間的累積而弱化資本主義的主導地位。這就是為什麼美國的右翼人士總是把羅斯福的新政稱為「漸進式社會主義」（creeping socialism）。實際上，社會民主主義措施本來就有持續擴張而侵蝕資本主義的傾向，所以終究不免導致新自由主義者對於社會民主國家的抨擊。隨著資本家及其政治盟友愈來愈認為大政府對於資本積聚造成日趨不利的條件，他們於是開始等待適當的政治機會對大有為的國家發動攻擊。

在二十世紀末的資本主義國家與大多數資本主義社會裡的資本主義經濟當中，新自由主義雖然在高低不一的程度上頗為成功地拆解了其中的社會主義元素，卻絕對沒有消除國家面對的矛盾壓力以及其政治結構裡的內在矛盾。在二十一世紀的頭十幾年裡，這些矛盾變得更加劇烈，在經濟與國家當中都產生了一股無所不在的危機感。這種情形促使國家採納能夠解決立即性問題的新措施，但這些解決方法也可能會開啟讓非資本主義替代方案壯大的空間。

前景

葛蘭西說過一句名言，指稱我們必須對智識抱持悲觀，但對意志保持樂觀。不過，我們也必須對智識至少抱有一點點的樂觀，才有可能對意志維持樂觀。有兩項趨勢可讓我們懷抱樂觀的態度，期待未來會出現理想中的國家措施，啟動長期下來逐步弱化資本主義主導地位的那種動態。

第一，全球暖化可能會終結新自由主義這種特殊型態的資本主義。就算不談為了緩和氣候變遷而必須改採無碳排放的能源生產方式這個問題，面對全球暖化的必要調適也必然需要大幅擴張國家供應的公共財。市場不可能會建造保護曼哈頓所需的巨型海堤。這類國家措施所需的資源，隨隨便便就可達到二十世紀那些重大戰爭的規模。資本主義公司雖可藉著生產這些基礎建設公共財而賺取龐大利潤（就像在戰爭期間藉著生產軍事用品而獲利一樣），但國家為了提供環境公共財而必須扮演的巨大角色必然需要搭配大規模的增稅與國家計畫。新自由主義雖然相容於高度的軍事支出與計畫，但國家干預措施轉向大規模的環境基礎建設與規範之後，可望在意識形態與政治上削弱新自由主義的勢力。這些過程如果發生在資本主義民主架構當中（當然，這是個很大的假設），那麼國家的公共財角色的重振將會為更廣泛的進步國家作為開啟更多的政治空間。

資本主義國家在二十一世紀必須面對的第二項趨勢，則是資訊革命的科技變革對於就業造成的長期影響。當然，每一波的科技變革都曾引來類似的猜測，認為新科技所消滅的工作將會導致大規模的邊緣化以及長久的結構性失業。不過，在先前幾波的科技變革當中，經濟成長終究在新部門裡創造出充足的工作機會，抵銷了就業赤字。話雖如此，數位化時代的自動化型態，在目前已經深深滲透進入服務部門，包括專業服務部門在內，導致未來的經濟成長難以再透過資本主義市場提供足夠的就業機會。這個問題又因為資本主義生產的全球化而更加嚴重。隨著二十一世紀的進展，這些問題只會愈趨惡化，不可能在市場力量的自發性運作下獲得解決。由此帶來的結果，就是一大部分人口將會陷入日益危殆而且邊緣化的處境。就算不考慮社會正義的問題，這項趨勢也可能會造成社會不穩定以及代價高昂的衝突。

這兩項趨勢共同對資本主義國家造成了重大的新挑戰：必須大幅增加公共財的供應以因應氣候變遷，也需要新政策來因應科技變革造成的廣泛經濟失調與不安全感，尤其是自動化與人工智慧帶來的這類後果。當然，一種可能的未來發展方向，就是這些挑戰的結合恐怕會加速弱化資本主義社會當中的民主。我們已經在美國觀察到這種趨勢，包括壓抑窮人與少數族群的投票權、有利於右翼政治勢力的畸形選區劃分（gerrymandering）更趨嚴重，還有金錢在選舉當中不受約束的角色。尤其是國家有可能會以軍國主義因應氣候變遷造成的全球動亂，所以出現僅有民主表象的專制國家絕對是一種可能的情境。不過，還有另一種可能的發展方向：也就是民主重新獲得活力，進步性的大眾動員擁有更大的政治影響力。這樣的發展將有可能產生新型態的國家干預措施，促使更具民主平等主義型態的經濟活動逐漸擴張，在混合經濟生態系裡與資本主義並存。

為了更明確說明這種發展，且舉以下這個情境為例。

針對氣候變遷進行調適的必要性，將會終結新自由主義及其狹隘的意識形態。國家著手推動必要的大規模公共工程計畫，在能源生產和運輸系統等方面的經濟規畫也採取更積極的角色，以加速碳基能源系統的轉型。在這樣的情境裡，由國家扮演更多不同角色的做法又重回政治議程，包括廣泛瞭解公共財的必要性以及國家有責任遏止邊緣化與經濟不平等的惡化，原因是透過資本主義勞動市場達成充分就業的可能性已愈來愈低。

國家對這些壓力採取的兩種回應方式，可以大幅增加混合式資本主義經濟生態系裡的民主社會主義元素。第一，這些意識形態轉變與政治壓力可以在公共財與公共服務的供應當中促成國家資助就業機會的擴張。富裕國家絕對負擔得起這樣的擴張；問題在於有沒有政治意願要為了達到這個目標增稅，而不在於實際上的經濟限制。第二，國家可以認真看待這項可能性：藉著推行無條件基本收入，在更根本的層面上改變生計與工作之間的連結。畢竟，這種政策提案在二十一世紀的第二個十年期間受到的公開討論早已有所增加。

無條件基本收入是一種可能的國家干預型態，一方面可以因應資本主義市場裡就業機會的下滑，同時也在經濟體當中擴大可供社會權力運作的空間。從複製資本主義的角度來看，無條件基本收入可以達到三個成果。第一，這種政策將可減緩邊緣化在不平等與貧窮方面造成的最糟效果，因此有助於社會穩定。第二，這種政策將會支持一種不同型態的、能創造收入的工作：用自己創造出來的工作賺取可自由支配的所得。無條件基本收入將會讓許許多多市場導向的自營工作機會變得具有吸引力，就算那些自我創造出來的工作無法帶來足供生活的所得也沒關係。舉例而言，如果有無條件基本收入可以支付基本生活開銷，我們可以想像應該會有更多人有興趣成為小農以及商業園丁。這種收入也會讓許多人更能夠參與「零工經濟」。第三，無條件基本收入能夠穩定資本主義生產的消費市場。資本主義公司這種生產系統的自動化必然會面對一個問題，也就是僱用的人數不足以購買生產出來的商品。無條件基本收入可為基本消費商品提供廣泛散布的需求。由於這些原因，無條件基本收入在資本主義菁英眼中可能會成為一種吸引人的政策，尤其是在新自由主義這種意識形態已經耗竭，管制型國家又重拾活力的情況下。

無條件基本收入對於資本主義所遭遇的問題如果是一種吸引人的解決方案，那麼這種政策怎麼可能也有助於弱化資本主義？資本主義的一項核心特徵，就是馬克思所謂的勞工的雙重分離：他們一方面與生產工具分離，同時又與謀生手段分離。無條件基本收入可讓勞工與謀生手段重新結合，就算他們仍然與生產工具分離也沒關係。因此，無條件基本收入直接修改了資本主義的基本階級關係。如同第四章討論過的，國家以稅收為資金來源所提供的無條件基本收入，將讓勞工得以拒絕資本主義下的僱傭關係，而選擇從事各種非資本主義經濟活動，包括透過社會權力建構而成的結果：社會與團結經濟、勞工合作社、非商業性的表演藝術、社區倡議等等。因此，無條件基本收入能夠為永續性的社會主義經濟關係（亦即受到社會賦權的經濟關係）擴展空間。所有這些可能性又受到製造了邊緣化問題的那些科技發展進一步強化，原因是資訊科技能夠廣泛縮減生產的規模經濟。

如果把無條件基本收入（讓人更容易退出經濟體中的資本主義部門）、新科技（促進非資本主義生產型態的發展），以及願意為這些措施提供更好的基礎設施的地方政府結合起來，那麼經過一段時間之後，透過社會權力安排的經濟部門即有可能發展出更深的根基，並以目前沒有預見到的方式進行擴張。

必須強調的是，這一切都會發生在資本主義當中，所以這些非資本主義生產型態必然需要找出方法，積極表達對於資本主義強制規定的反對。非資本主義部門的許多生產投入，本身是由資本主義公司生產的；非資本主義部門的生產者所消費的商品，有一大部分會是向資本主義公司購買；國家生產的公共財，也經常需要與資本主義公司簽訂合約。無條件基本收入讓人比較容易退出資本主義關係，但就某方面而言也是為資本主義公司補貼了不穩定工作，尤其是在零工經濟當中。即便在這種新安排穩定之後，資本主義在國家督導的經濟體系當中仍然會占有重要地位，甚至幾乎可以確定是居於主導地位。不過，資本主義的主導地位會受到削減，遠遠無法像原本那樣對人謀取生計的方式施加那麼強烈的限制。這樣可以為致力在經濟體當中擴張社會權力範圍的持續性抗爭開啟新的可能性。

我在第三章把具有這種雙重性質的改革（也就是一方面藉著解決問題強化資本主義，同時又為解放性替代方案的建構擴張可能性）稱為**共生式**轉型。反資本主義者經常對國家的這類作為深持懷疑態度。無條件基本收入要是對零工經濟裡的低工資工作具有補貼效果，這樣豈不是一件壞事？這樣豈不是表示改革被資本主義收編？不過，這種情形正是這類改革能夠長久持續的原因所在。一項改革如果直接削弱資本主義，只提倡反資本主義的替代方案，而沒有為資本主義提供任何正面效益，那麼每當進步勢力的政治力量衰微，這樣的改革就易於遭到拆解。

因此，無條件基本收入與資本主義具有一種矛盾關係。一方面，這種政策能夠協助解決資本主義當中的許多真實問題，並且對資本積聚的活力有所貢獻，至少在某些部門是如此。另一方面，無條件基本收入也有可能協助引發一種動態，為民主平等主義的間隙式轉型擴張空間，從而削減資本主義的主導地位，並且將經濟生態系導向一個超越資本主義的發展方向。這麼一來，一項慷慨的無條件基本收入政策如果能夠受到實行與辯護，即有可能在整體經濟體系當中弱化資本主義的主導地位，同時又在受到縮減的資本主義空間裡強化資本積聚的條件。

國家的資本主義性質所具有的可能性限制如果極為狹隘，使得國家無法從事可能會讓這類非資本主義經濟過程成長的作為，那麼弱化資本主義的前景就遙不可及。不過，現下的問題解決與未來的後果之間如果存在著極大的落差，如果大眾社會勢力集結起來支持某種政治議程以鞏固替代性經濟空間，那麼體現民主、平等與團結價值的經濟活動就有可能大幅擴張。接著，這又可以為超越資本主義之後的發展方向提供基礎。

為國家進行民主化

資本主義國家在本質上不適合從事解放性社會轉型。資本主義國家系統性地偏向支持資本主義的主導地位，一方面是因為企業與富人對於國家的官僚體系擁有優先接觸的特權，另一方面則是因為資本主義國家的制度結構。不過，資本主義國家也不是複製資本主義主導地位的完美機器。社會主義政治勢力的訣竅，就在於利用國家內部的這種不一致性，以及國家在解決資本主義本身製造的問題之時所面臨的矛盾現象；採取這種作為，將可為創造民主、平等而且團結的經濟替代方案擴張可能性。在這種可望發生的變化當中，關鍵就在於資本主義國家當中的民主品質：資本主義國家的民主性質愈是深厚，國家政策就愈有可能支持有利於非資本主義替代方案的條件。因此，「為民主進行民主化」的努力（這是葡萄牙社會學家蘇保榮〔Boaventura Santos〕提出的說法），在弱化資本主義當中就深具關鍵性。

為民主進行民主化需要翻轉新自由主義對國家造成的反民主影響，也需要透過制度創新而深化民主。

新自由主義在四個主要面向削弱了民主：第一，減少對資本的全球移動所設的限制，導致國家承受更高的外部壓力，必須關注資本的利益。第二，對金融部門的法規鬆綁，增加了金融部門對國家政策的框限力量。第三，一系列國家服務的私有化，削減了國家對於許多公共服務的品質與性質進行民主管理的能力。第四，勞工運動的弱化減損了勞動階級結社力量最重要的來源，不只在勞動市場當中是如此，在政治場域裡也是。建立一個更為民主的資本主義民主所需要的其中一項條件，就是翻轉這些趨勢：對資本的全球移動重新制定充足的控制，好讓國家對於經濟事務的優先次序擁有更多的操控能力；規範管制金融部門，降低經濟的高度金融化；恢復國家直接參與提供已經私有化的公共服務；以及創造一個比較有利於勞動結社的法律環境。

不過，單純消除新自由主義對民主的傷害並不足夠。我們不該抱持懷舊的心態，把新自由主義興起之前的時期視為健全民主的黃金時代。在新自由主義出現之前，所有資本主義國家的民主都備受束縛，而且也不完整。要把資本主義國家變成一個比較適合促成經濟民主化的環境，也必須在一切可能之處深化民主。在這方面，部分的關鍵因素包括：民主賦權的去中心化、新式的公民參與、政治代表的新制度，以及選舉遊戲規則的民主化。

民主賦權的去中心化

國家去中心化這項概念，與民主化之間有一種模糊曖昧的關係。實際上，新自由主義的一項招牌特色就是呼籲去中心化，理由是中央集權的政治權威過度官僚、缺乏經濟效率，而且經常貪汙腐敗。不過，新自由主義的去中心化通常只是私有化、市場化，以及減少國家支出的藉口。相對之下，民主賦權的去中心化則是基於這種想法：對於許多問題而言，真實決策權如果交給比較接近那些問題的民主公共當局，問題就可以獲得比較有效的解決。特別重要的是，要賦予更多管轄權、自治與必需資源給城市、區域，以及民族國家的其他分權次單元；由於有意義的大眾參與在規模較小的治理層級上比較容易做到，因此這種做法可能也會開啟另一種可能性，亦即帶有高度公民參與的積極民主實驗。

新式的公民參與

政治權力的去中心化絕對不足以強化民主。地方層級的政府有可能貪腐又威權，由酬庸式的政治機器把持。我們需要的是在各個層級的分權政府當中深化民主，並且為這些單元賦予行事的必要權力與資源。

參與式預算就是為了達成此一目標而採行的一種創新制度設計。在參與式預算裡，一個組織的全部或部分預算都透過組織成員的直接參與式決策進行分配。參與式預算可以套用在城市、學校、公共住宅，或者任何一種對於自己的預算分配至少握有部分控制權的組織。這種構想在一九九〇年代初起源於阿雷格里港（Porto Alegre），至今已傳遍全世界。

城市裡的參與式預算有許多不同的制度設計。以紐約市為例，每個市議會選區都獲得分配一筆由該區選出的市議員所控制的自由支配預算，用於執行各種基礎建設計畫，包括填補街道坑洞乃至改善公園設施。於是，議員即可交由自己選區的居民決定如何使用這筆預算。分配給市議會選區的參與式預算數額不一，但通常介於每年一到兩百萬美元之間。選區裡的居民可以自願參與委員會，提出如何使用預算的計畫提案。市政府的技術官僚判定每一項提案的成本之後，選區裡的居民即可投票決定要執行哪些計畫。在紐約市，青少年與非法移民也能夠完全參與計畫開發和投票的過程。

現在，世界各地的數百座城市裡都存在著某種型態的參與式預算。有時候參與式預算的力量很小，只能向市政府提出建議，但無法實際控制部分預算。有時候參與式預算的過程成為政治人物施捨恩惠的另一種方式，淪為一種新式的酬庸機器，而不是民主參與的表現。而且，幾乎在每一個地方，透過參與式預算直接控制的資金數額也相對不大。儘管如此，參與式預算以及地方層級的其他直接民主型態所採取的制度原則，仍然可望藉著強化賦權大眾參與的可能性，而成為深化民主的一種重要方式。

民主代表的新制度

參與式預算只是為了強化有意義的民主參與而受到實驗的多種創新制度工具的其中一種。深化民主的另一種創新，是隨機挑選公民參與特定種類的決策機構。這種做法最常見的例子是陪審團，由隨機挑選的公民決定法院審理的結果。隨機挑選也使用在有時稱為「微型公眾」(mini-publics）的諮詢機構裡，以便為各式政府機構與部門的決策提供意見。一種影響比較深遠的提議，是把兩院立法體制的其中一個選舉議院改為以隨機挑選方式產生成員。當然，這種做法要能夠可行，還有許多細節需要微調，但基本構想是一個由隨機挑選的普通公民組成的議院，將可更精確反映實際上的人口組成，因為選舉議院都是由社會地位較為優渥的人士組成。一個隨機挑選的議院，對於議題的審議比較能夠反映社會中的各種不同利益，並以比較不受菁英利益主導的方式尋求妥協。

選舉遊戲規則的民主化

新式的賦權公民參與雖然有助於促成更健全的民主社會，卻幾乎可以確定任何一套可行的民主體系都必然會繼續高度仰賴以選舉方式選出各式政治官員。因此，為民主進行民主化的一個核心問題，就在於如何把選舉民主的民主性質變得更深厚。

既有選舉規則的問題在每個地方都各有不同。美國採用的選舉制度尤其深具缺陷，原因是單一選區極易遭到不公正的選區劃分。不過，每一種體系的運作方式都有違反民主價值之處，就算是具有合理比例代表機制的體系也是如此。最重要的是，選舉過程無法與私人財富的影響力隔離開來。

在資本主義經濟裡，尤其是一個財富與所得高度不平等的資本主義經濟當中，要阻擋私人利用財富影響整體政治與個別選舉絕不是一件簡單的事情。資本主義只要保有主導地位，就會產生一定程度的經濟不平等，從而溢入政治當中。不過，實際上有辦法可以抑制這種效果。關鍵問題在於確保選舉政治的核心資金來自於公眾而非私人。在《以美元投票》（*Voting with Dollars*）這部著作裡，艾克曼（Bruce Ackerman）與艾爾斯（Ian Ayers）提出一種達成這項目標的做法，就是每年給予每個公民一定額度的金錢（也許採取專用簽帳卡的方式），例如一百美元，讓他們花用在政治上。任何個人或政治組織只要接受了這類直接公民付款，就不必再接受其他私人資金。這種做法將可提供一種民主資金的平等主義式分配，藉此制衡私人資助的不平等現象。

資本主義國家的民主過程如果真的能夠獲得重振與深化，那麼利用資本主義國家來逐步弱化資本主義主導地位的可能性就很大。儘管如此，實際上沒有任何人能夠保證這種可能性確實會實現。這種情形能否發生，取決於有沒有能力推動抗爭而促成共生式改革。這又會引起這個問題：誰將參與這樣的抗爭？能夠長期推動抗爭以弱化資本主義的集體行動者何在？這就是下一章的主題。

6 促成轉型的行動者

就某些方面而言，弱化資本主義的策略願景當中最令人頭痛的問題，就是怎麼創造具有足夠的一致性與抗爭能力的集體行動者，而能夠維繫挑戰資本主義的計畫。對當前的世界提出具體的診斷與評價，並且對能夠改善世界的替代方案之所以值得追求與可行提出富有說服力的陳述，仍然不足夠。就算是列出能夠引導我們朝正確方向前進的策略，也還是一樣不夠。這些替代方案若要真的可以達成，就必須要有能夠利用那些策略來實現這些替代方案的政治轉型行動者。那麼，這些集體行動者究竟在哪裡？

我首先要說明集體行動者對於任何弱化資本主義的可行策略為什麼不可或缺，接著再討論「能動性」的概念，以及在集體行動者的形成當中具有中心地位的三項概念：

認同、利益與價值。本章後續的內容將會探討這項問題：想要創造能在當今的世界有效推動社會轉型的集體行動者，必須面對的複雜問題該如何因應。對於該上哪裡去找這些集體行動者的問題，我無法提出實質的答案，但我希望能夠釐清我們在創造這些集體行動者的過程中必須要面對的任務。

弱化資本主義的集體行動者

回憶第三章的核心主張，弱化資本主義結合了四種策略邏輯：抵抗資本主義、逃離資本主義、馴服資本主義，以及拆解資本主義。這些策略邏輯各自涉及不同種類的集體行動者與集體行動者聯盟。

抵抗資本主義位於許多勞工運動還有抗拒資本主義掠奪性的許多社會運動的核心。當代的一個例子，就是為了阻擋撙節措施而週期性動員群眾從事抗議與占領行動。逃離資本主義是植基於社會與團結經濟以及合作式市場經濟的社區行動主義所採取的策略。有時候，這種做法可能會涵蓋不同群體組成的龐大聯盟，目的在於培育非資本主義的經濟活動型態；有時候，集體行動者的規模也可能非常小，利用的是能夠創造非資本主義經濟關係的地方空間。

抵抗與逃離的策略，都未必包含主要目的在於獲取國家權力的行動。相對之下，由於馴服與拆解資本主義都企圖改變遊戲規則，而不只是在既有的規則裡運作，因此這些策略也就需要藉由政治行動而在國家本身當中獲取若干程度的權力。馴服資本主義會消除資本主義造成的傷害，尤其是透過國家提供的各類保險來達成這項目的。拆解資本主義會把財產權的部分面向從私人手中轉交由公共控制，並且將特定種類物品與服務的提供，從市場與私人投資者的控制當中移出。因此，弱化資本主義的關鍵邏輯，就是這種由上而下的遊戲規則改變可以撐開更大的空間，給由下而上建構出的資本主義經濟關係替代方案，從而逐漸侵蝕資本主義的主導地位。

這種策略安排的一項優點，在於能夠將各式各樣以不同方式反對資本主義主導地位的行動主義擺在合適的位置。與其把有關社會與團結經濟的社區行動以及針對國家的政治行動看作互相對立，這兩者其實可以互補。當然，這在實際上不一定容易做得到，尤其是因為這些不同型態的反資本主義策略所需要的組織種類極為不一樣。儘管如此，還是沒有必要把這些策略視為先天上就互相對立。

針對弱化資本主義策略所提出的這項主張，其中最令人難解的部分在於如何創造出有力的集體行動者，能夠以政治行動挑戰資本主義的遊戲規則，並且朝著進步方向加以改變。傳統上，這向來都是政黨的工作。其他種類的組織與社團也參與了政治導向的行動，推動進步性的社會變革：包括遊說組織、各式各樣的利益組織、工會、社區組織，以及社會運動組織等等。在某些時間與地點，其中一些組織可能會對進步性國家作為的前景造成決定性的影響。不過，這些立足於公民社會的各類集體行動者如果要持續有效地改變國家施行的規則，就必須設法與能在國家內部直接採取行動的進步政黨建立連結。因此，弱化資本主義的策略終究要仰賴於一套由集體行動者構成的網絡，這些行動者有的立基於公民社會，有的立基於致力推動這類政治計畫的政黨。

所以，對於各種能夠從事政治行動並且相互連結的集體行動者，我們該如何思考他們的誕生過程，就是問題所在。為了更精確探討這個問題，我們必須先岔題討論社會理論的一項經典主題：集體能動性的問題。

集體能動性的問題

社會理論充滿了對於所謂「結構／能動性問題」的討論。這種討論大部分都非常抽象，也經常頗為晦澀。這些議題隱含於社會理論的若干重大分隔界線當中，諸如方法論上的個人主義與系統理論的分隔、微觀理論與鉅觀理論的分隔、偶然性與決定性的分隔，以及社會科學當中的解釋本質。我們在這裡不會探究這些議題。我們必須做的是釐清能動性的概念，尤其是「集體」能動性，然後為抗拒資本主義的有效集體行動者該如何創造的問題賦予若干精確性。

「能動性」的概念

套用泰爾朋（Göran Therborn）在《政權的意識形態與意識形態的政權》（*The Ideology of Power and the Power of Ideology*）這部著作裡提出的貼切說法，「能動性」這種概括性的抽象概念所指的是：人「在這個有結構而且有意義的世界裡，是有意識而且具有反省能力的行為發動者」。人不是單純依據設定而遵循由角色界定的劇本行事；人會發動行為，而且經常是帶有相當程度的智慧、創意與臨機應變的行為。當然，這種能動性發生於各式各樣的限制當中，包括由人類身處其中的社會結構所產生的限制，以及體現於信念與習慣當中的內在限制。有時候，那些限制會嚴重限縮自我發起的行動種類；有時候，那些限制會比較寬鬆。不過，人類從來都不是機器人。

在社會理論家與分析師對於社會現象提出的解釋裡，人類能動性在其中扮演的角色高低不一。其中一種極端是有時稱為「結構主義者」的理論家，他們幾乎把人視為純粹只是社會關係的承載者，承載自己身處其中的那些社會關係；在他們眼中，所謂人能夠主掌自己的行動乃是一種假象。另一種極端的理論家，則是幾乎徹底否認社會結構具有任何解釋重要性。人是由複雜而相互交錯的主體性所構成，他們透過這樣的主體性形成身分認同並且在世界上活動。

在這裡，我們沒有必要深究這些極為抽象的議題。我就直接認定人實際上是有意識的行動發動者，儘管他們同時也深受無意識的習慣所影響，他們的行動經常有高度固定的劇本。這點非常重要，因為人如果不是具有行動力的行動者，那麼就根本沒有必要寫書說明資本主義產生的傷害、替代方案為何值得追求，以及實現那些替代方案的兩難困境。策略之所以有可能存在，就是因為人是有意識的行動發動者。

能動性的觀念不但適用於個人，也能夠以比較複雜的方式適用於集體實體。從個人轉換到集體實體是社會理論當中的另一個難題，因為集體實體的「行動」方式和個人不盡相同。例如「資產階級反對新政」這麼一句話，指的有可能是「大多數的資本家都反對新政」，或者「代表資產階級利益的組織與政黨反對新政」，或者「一些勢力龐大的資產階級成員，透過社群網絡與私人人脈連結起來反對新政，而其他資本家也大體上支持他們的主張」；不過，一個「階級」並不是有意識的行動發動者。集體行動者具有社會基礎，但那些基礎本身不是「行動者」。因此，我如果提到集體行動者的能動性，指的就是各式各樣的組織與社團，可讓人共同合作追求實現目標。有時候，這類集體行動者可以是緊密結合的組織，例如工會或政黨。有時候，集體行動者的概念也可以套用在比較鬆散的目標導向合作上，例如聯盟或同盟，或甚至是更寬泛的概念，例如「社會運動」。在所有這些例子裡，構成組織、社團與聯盟的人，才是真正有意識的行動發動者，但由於他們集結起來透過組織協調各自的行為，所以他們的行為也就不再僅僅屬於個人，而是帶有了一種集體性質。

集體行動者對於解放性社會轉型具有關鍵重要性。如同第三章提過的，大部分的社會變革都發生在眾人的「背後」，是人類行動的意外副作用。不過，能夠更充分實現平等／公平、民主／自由，以及社群／團結等價值的解放性社會轉型不可能只是人類行動的意外副作用累積而成的結果。如果要實現人類的解放，就必須要有策略，而這點即隱含了能動性。由於這類策略的部分目標是力量強大的制度，因此有效的策略也就需要集體能動性。所以，如同先前問過的，集體行動者究竟在哪裡？

在開始探討這個問題之前，我們還需要另外三個概念：也就是把**認同**、**利益**與**價值**視為形成集體行動者的交疊基礎。認同對於打造集體行動者的團結最為關鍵；利益是形塑集體行動目標的核心元素；價值的重要性在於能夠把各種不同的認同與利益連結於共同的意義當中。

認同

認同一詞最廣泛的意義，可以幫助我們理解人怎麼依據人生中的重要事物來分類自己與他人。人擁有各式各樣的認同，包括性別、種族、階級、性取向、族裔、國籍、宗教、語言，以及生理殘疾等方面的認同，但也包含其他不那麼根本的面向，例如身為爵士樂愛好者、紐約居民、知識分子、長途跑者、祖父母，或者懷有特定的政治意識形態。這一切（還有其他許許多多的東西）都有可能用來回答這個問題：哪些東西能夠界定你是什麼人？這個問題的答案先天就帶有雙重性質：針對我是什麼人所提出的定義，必然也界定了有哪些人和我相似。因此，一個人的認同乃是這些不同類別的複雜交集。

依照情境不同，一個人的認同樣貌當中的任何一項元素或是一組元素，都有可能是主觀上對那個人而言最重要的東西。以一個愛好爵士樂的中產階級美國黑人男性為例，在有些時間與地點，身為爵士樂愛好者可能是這個人的自我認知當中最重要的元素，也是他判斷哪些人與他近似的根據。或者，再舉一個猶太裔的德國世俗知識分子為例。在一九二五年，身為德國知識分子可能是這個人最重要的身分認同。在一九三五年，身為猶太裔可能會變成最重要的元素。

這個猶太裔德國人的例子揭示了認同的一個重要特點：認同不只是個人主觀認為重要的描述性屬性，而是與社會關係還有權力密切相關。以下這件軼事可以闡明這一點。

二〇〇七年，我在塞拉耶佛待了一個星期。邀請我的是一群大學生，當時這所大學舉辦了一場研討會，探討馬克思與黑格爾對於當代事務具有的意義。我在研討會之後還停留了一段時間，針對我在《真實烏托邦》當中探究的主題舉行了幾場講座與專題討論。學生的反應都很積極也很熱烈。他們分別來自塞拉耶佛的三個族裔宗教社群：波士尼亞穆斯林、克羅埃西亞天主教徒，以及塞爾維亞正教徒。他們兒時都經歷過塞拉耶佛圍城戰，也對族裔民族主義深感厭倦。他們滿心想要成為具有世界觀的歐洲人。到了那個星期的結尾，我覺得自己和他們當中的幾個人非常投契。

最後一天晚上，我們在一間酒館裡，我的嘴巴沒經過大腦就吐出了這段話：「你們知道嗎，就認同來說，我覺得我和你們的相似程度還比美國的基督教基本教義派更高。他們看起來就像是來自別的星球，而你們則是和我志趣相投，和我擁有相同的核心價值觀與意義觀。」

我們這群人當中的一個年輕女子，年紀大概二十出頭，對我的話回應指出：「認同不是只有這樣而已。認同回答的不是『我是誰？』這個問題，而是『別人說我是什麼人？』我們要是過橋到塞爾維亞區，那裡的警察如果看到你被搶，就會馬上過來幫你；但他如果看到我被搶，就會假裝沒看到。」

接著她又說：「在自由民主的富裕國家裡，人民都非常幸運，可以問『我是誰？』這種問題，而不是被別人把特定的身分認同強加在他們身上。所謂青年『找尋自己的身分認同』這種概念，在這裡根本就沒什麼意義。」

這個故事顯示了在主觀上對人而言重要的許多認同型態之間有一項重要的對比：有些認同型態主要反映了人與人之間的差異，那些差異深受他們重視，而且他們也多多少少選擇予以培養，但另外有些認同型態則是由他們生活於其中的社會強加在他們身上。我在塞拉耶佛和那些學生一同度過的那個星期，對我而言是反映了我們身為進步知識分子的共同認同，這樣的認同是個人自己選擇並且經過長期培養之後的結果。他們體驗到的認同則是由他們無力控制的強大勢力強加在他們身上的結果。我沒有體認到我把認同視為自我發現的這種觀點其實反映了先天的優勢地位。

當然，實際上的狀況比起外力強加與自我培養的認同這種簡單對比還要更加複雜。許多身分認同都有可能同時是外力強加也是自我培養的結果。族裔就是很好的例子：族裔認同的基本選項可能是由一個社會的文化慣例所提供，而其中有些也許是強加在人身上，但一項族裔認同的重要性受到個人與集體行為而強化或弱化的程度仍然可以有極大的差別。有時候，族裔群體當中會針對這個問題出現激烈的鬥爭，尤其是一項族裔認同如果深深關聯到和其他族裔群體的衝突。南斯拉夫於一九九〇年代解體之後發生的那些充滿暴力的族裔民族衝突當中，有些地方曾經存在大量的跨族裔通婚現象，所以族裔認同在國家瓦解之前並沒有受到太多關注。政治運作者從事族裔暴力行動，目的是為了在族裔界線上製造恐懼氛圍，藉此強化族裔認同的重要性，然後即可藉此形成奠基於族裔上的有效集體行動者。更廣泛來說，植基於強制加諸的認同之上的社會運動，經常會投注大量精力設法強化和深化它們企圖鼓動的認同。

認同在集體行動者的形成當中扮演了關鍵性的角色，原因是共有的認同能夠促成持久集體行動所需的團結。持久集體行動面對各式各樣的障礙，尤其是人的行為動機如果只限於狹隘的自利，那麼參與集體行動就經常會讓人覺得代價高昂。這會導致所謂的「搭便車」：也就是置身事外，冷眼看著別人付出努力以及承擔參與集體行動的代價。另一方面，行為動機如果和個人對一個群體的認同以及「我們同在一條船上」的感覺緊緊相繫，那麼搭便車可能就不是那麼迫切的問題。強烈的共有認同也可能提高集體行動的可能參與者之間的信任感與可預測性，從而有助於形成可長可久的集體行動者。

植基於社會強加的各類不平等與支配之上的認同，對於形成解放性集體行動者而言尤其重要。人所生活於其中的社會結構，都不是自己選擇的；認同有很大一部分乃是人在那些結構中的生活經驗形塑而成。社會結構的特色尤其是由眾多相互交錯的不平等、支配、排斥與剝削所構成。這些元素會在人的生活中造成真正遭受傷害的經驗，包括欠缺尊重、匱乏、消權（disempowerment）、缺乏人身保障，以及虐待。這些經驗會透過文化詮釋而轉變為共有的認同，但那些詮釋本身當然也不免是爭議的對象。先前提到的解放性社會運動的社會基礎，包括階級、種族、性別、族裔等等，都與這些種類的認同深深相關。

認同還有另一個特徵，也和形成有能力促進解放性社會轉型的集體行動者有關。認同會隨著時間改變，而其中一種改變方式就是透過社會抗爭的影響。參與社會運動及其他型態的集體行動所得到的生活經驗，可能會改變人對於自己是誰以及自己是什麼樣的人所懷有的認知。這種情形有一部分純粹是抗爭的共同經驗造成的自發性結果，但當然也是為了促成認同改變的社會運動當中所發生的廣泛文化與意識形態實踐所造成的結果。由此產生的結果，可能就是形成培育而來的認同，這些認同與從事抗爭活動的集體行動者（政黨、社運組織、工會）深深相連，而不是單純跟構成抗爭的社會基礎的認同範疇相連結。

利益

利益與認同相連結，但並非同一件事。認同是對人的重要主觀分類，利益指的是能讓人的生活在自己重視的若干方面有所改善的東西。利益植基於人生中各種問題的解決方法；認同則植基於某種程度上由那些問題產生的生活經驗。我們說工會合乎勞工利益，便是主張工會能夠讓勞工的工資與工作條件更容易獲得改善。我們說政府降低環保規範合乎某些種類投資者的利益，便是主張他們的投資報酬會因為這些規範取消而提高。就某方面而言，關於利益的主張必定是對於替代可能性的效果提出的預測。

因此，人對自己的利益有可能會認知錯誤。父母可能誤以為注射疫苗會導致自閉症，因而認定注射疫苗有害子女的利益。低收入的人可能以為對富人減稅會為窮人帶來利益。這就是為什麼我們可以有意義地談論「虛假意識」：亦即對於什麼東西實際上會改善個人生活，或是哪些手段最適合實現某個目標，懷有錯誤的認知。一般而言，關於虛假意識的主張都和虛假**認同**無關。虛假意識描述的是對於這個世界實際上的運作方式懷有錯誤的信念，從而對不同的行動方案所具有的效果持有錯誤看法。

有些利益與認同緊密相連。文化認可的性別分類如何影響各類便利設施與資源的取用，關係到跨性別者的特定利益。一個國家當中不同語言的官方地位以及語言使用和教育方面的政策，關係到該國國內語言少數族群的特定利益。禁止墮胎的政策，也可能關乎虔誠天主教徒的特定利益。其他利益則沒有那麼緊密奠基於特定的認同上。例如減少碳排放量與減緩氣候變遷的政策，不是只影響到自我認同為環保分子的人的利益。此外，經濟民主關係到廣大人口的利益，跟他們在資本主義階級關係中的特定認同也沒有密切關聯。

由於生活與認同的複雜性，人因此擁有許多不同的利益，那些利益相互之間經常具有緊張關係，甚至互不相容。人擁有與自己的階級地位、性別、健康狀態、宗教信仰、族裔、國籍、語言以及性取向相關聯的利益。此外，人也有短期利益與長期利益，這兩者之間同樣也可能存在緊張關係。因此，人如果要思考自己的利益，總是必須先考慮某些利益，而暫時擱置其他利益。政治抗爭當中的一項核心議題，就是哪些利益應該受到最大的重視。

價值

我們說人「在這個有結構而且有意義的世界裡，是有意識而且具有反省能力的行動發動者」，意思不只是說人會有意識地發動行動，而且是在一個「有意義的世界裡」這麼做。行動的意義有一個關鍵部分在於價值，也就是人對於何謂「好」所懷有的信念，包括人在世界上應有什麼樣的行為，以及我們的社會制度應該怎麼運作。

價值與利益之間存在一種複雜的關係。政治保守派為富人減稅辯護，經常會主張這麼做可以增加投資，從而促進經濟成長，因此是幫助窮人最好的方法。每當他們採取這種說詞，其實就是在標舉一項普遍的社會價值：貧窮是不好的事情，而在一個好的社會裡，最劣勢者的生活將會隨著時間而改善。大多數人都會同意這樣的價值主張。

如果為富人減稅真的是幫助窮人最好的方法，那麼這就是支持這種政策的強而有力的理由。當然，這種看待減稅的觀點只是用來為富人的利益合理化。標舉廣受重視的價值來掩飾自身利益的做法，經常頗為容易。這種情形也會發生在左派，例如專制國家高舉共產主義的旗幟，宣稱自己是由人民統治的民主政權。正是因為價值深受人的重視，所以這種欺騙的意識形態策略才會奏效。

價值在解放性抗爭當中向來都扮演關鍵角色。白人學生在一九六四年的自由之夏（Freedom Summer）前往美國南方幫助非裔美國人登記投票，不是因為這麼做合乎自己的利益，而是因為他們信奉平等、民主與團結的價值。美國與歐洲社會在反種族隔離抗爭期間發起運動，抵制於南非舉行的活動並取消大學和其他機構對南非的投資，也不是因為這樣做合乎運動參與者的利益，而是因為他們所持有的價值。當然，人也會加入目標合乎自己利益的社會抗爭，但道德信念與價值仍有助於強化他們的參與以及擴大抗爭運動的吸引力。

因此，價值可以是行事動機的強力來源。極為關鍵的一點是，價值本身也可以成為認同的有力來源。那些價值一旦融入多多少少具有系統性的思想體系裡，就可以看作是意識形態的一個層面。解放性意識形態結合各種對於世界如何運作的解釋、陳述有哪些可能的替代方案，而且也對相關價值予以肯定。這類意識形態可以建構得極為詳盡，也可以頗為鬆散，而且內部經常充滿了不一致性。不過，即便有那些不一致性，意識形態還是可以成為個人認同當中的重要層面。

從認同、利益與價值到集體行動者

認同、利益與價值不會自發促成集體行動者的形成，更遑論是在政治層面組織起能夠推動解放性社會轉型的集體行動者。人雖然總是擁有和別人相同的認同、利益與價值，但這些東西並不需要轉譯為型態一致的集體組織。更重要的是，一個人的認同有哪些面向(如果有的話)轉譯為團結，又有哪些利益與價值受到注意，在很高的程度上取決於是不是有既有的集體行動者試圖運用認同來追求利益與價值。這是一種雞生蛋、蛋生雞的問題：認同對於集體行動者的形成具有關鍵重要性，但集體行動者在強化特定認同的重要性當中也扮演活躍的角色。社會抗爭的重點，經常就在於互相競爭的社會基礎試圖動員同一群人，例如階級、國籍，或者宗教信仰。此外，大多數人的私生活當然都不會涉入組織性的集體行動，不管是政治層面還是公民社會層面的集體行動。

任何弱化資本主義的政治計畫，都必須在這樣的環境當中運作。對於建構有能力從事持久政治行動的集體行動者這項工作，這種環境帶來了三項主要挑戰：一、克服私有化的生活；二、在複雜而破碎的階級結構當中建立階級團結；三、在多元、互相競爭，並且不是奠基於階級上的認同型態當中，打造出反資本主義的政治。

克服私有化的生活

大多數人通常都生活在家人、工作與社區的網絡裡，忙著日常生活的實際事務，而沒有被動員成為任何政治導向的集體行動者的支持基礎。日常生活的雜務，尤其是在有了家庭與子女之後，就會占掉我們大量的時間、精力與注意力。所以，也就難怪為抗議運動與政治動員注入力量的總是比較不需背負這類責任的年輕人。

私人生活與公眾參與之間的鴻溝一直都是一個問題。消費社會又把這個問題變得更加棘手，因為眾人都在消費社會的引導下認為個人的快樂與福祉主要取決於個人消費水準，尤其是這種觀念又經常與高度競爭的勞動市場結合起來，於是私人消費工具的取得也就取決於個人與他人競爭的能力。

整體看來，個人生活中的時間與精力限制這個普世性的問題，與消費主義還有競爭式個人主義的特定問題，對於在現代資本主義國家當中動員協同一致的政治集體行動者造就了困難的環境。歷史上，這些困難多多少少由於各類公民協會而減輕，因為這些公民協會融入了一般人的日常生活。在許多地方，兩種這樣的協會扮演了尤其重要的角色：工會與教會。工會只要夠強大，就會在政治與勞工的日常生活之間形成一道堅實的橋梁。批判資本主義的進步政黨通常都與勞工運動具有深厚關係，這點並不是巧合。教會在不同的時間與地點也扮演過這種角色，只是通常是為了支持保守派而不是進步派的政治。齊聚在教堂裡是許多人日常生活中的活動。他們會在教堂集會上互相交談，也共同擁有一項植基於宗教的重要認同。有時候，教會甚至會直接涉入政治組織活動，藉著把宗教認同與政治利益連結起來，協助克服信眾純屬私人的關懷。美國南方的黑人教會在民權運動時期就為進步政治扮演這樣的角色。今天，白人福音派教會也扮演這種角色，藉著把宗教認同與右翼政治連結起來，克服信眾不關懷政治的私人化生活。

破碎的階級結構

在弱化資本主義的策略布局當中，階級是最核心的元素。要弱化資本主義，就必須在整體經濟生態系裡逐漸削弱資本主義的主導地位；要做到這一點，就必須削弱資本家的權力。對於這種抗爭而言，最自然的社會基礎就是階級關係裡直接受到資本家支配與剝削的那些人，也就是勞動階級。勞工在資本主義關係裡對於遭受支配與剝削的生活經驗，可以提供一個適合建構強烈勞動階級認同的環境。然後，勞工的認同與利益可形成進步政治的核心，進而擁抱更為普世性的利益，也就是和平等、民主與團結等價值相連結的利益。

如同先前提過的，在十九世紀中葉，馬克思認為資本主義的基本動態會把資本主義社會裡的人口推往這個方向。他尤其認定資本主義的階級結構會逐漸變得愈來愈簡單，絕大多數人都將過著相對同質性的生活，因此階級認同的形成也就會更容易。為了讓勞工瞭解他們遭受資本主義壓迫的共同生活經驗來自什麼源頭，還是必須要有意識形態抗爭，但基本階級結構當中的改變將會把這項工作變得更簡單。勞工階級將會逐漸形成一致性的社會基礎，撐起一個反抗資本主義的強大政治集體行動者。這項預測的抱負呈現於《共產黨宣言》著名的結語當中：「除了身上的鎖鏈之外，無產階級無可損失，但他們卻有機會贏得一個新的世界。所有國家的勞動者，團結起來吧！」

然而，資本主義的階級結構在過去一百五十年來卻沒有依照這種方式發展。勞動階級不但沒有愈趨同質化，階級結構反而還演變得愈來愈複雜，因此削弱了彼此擁有相同命運和生活條件的感受。許多先進資本主義國家的所得分配雖然確實在近數十年來變得更為極端，促成了「我們都是那百分之九十九的人」這句口號，但這百分之九十九的人口卻沒有共同的生活經驗。就算我們接受這種分類，認為所謂的百分之九十九都是在勞動市場中販賣勞力的雇傭勞動者（亦即廣義的勞動階級），這些人口的生活經驗也還是存在著普遍的零碎化現象，難以打造出共同的階級認同。簡單列出其中幾項差別，勞工生活經驗的巨大差異包括了收入的水準與保障、就業的不穩定性、工作當中的自主性、工作要求的技術與教育水準、發揮創意的機會，以及其他。

利用第三章的遊戲比喻，勞動階級可能在「遊戲」的層次上擁有共同利益，亦即以經濟民主做為資本主義的解放性替代方案能夠改善所有勞工的生活；但在規則的層次，尤其是遊戲行為的層次上，勞動階級則因為各自利益不同而呈現出分裂零碎的現象。資本主義當中的經濟抗爭對象主要都是遊戲行為與規則，因此那些抗爭經常不會消弭這類分裂，而反倒會予以強化。許多人仍然把階級視為一種重要的認同，但這點卻沒有辦法像進步派一度希望的那樣為團結提供普世性的基礎。

相互競爭的認同來源

想打造具有堅實政治基礎的反資本主義集體行動者，要面對的第三大挑戰則是個人生活中重要認同來源的異質性。問題如下：反資本主義的核心是一種階級計畫，但階級認同要成為解放性集體行動的基礎，卻必須在不同面向上與各式各樣的其他認同競爭。

我們大致上可以區別兩種狀況：有些非階級認同本身構成了解放性抗爭的明確基礎，而且也有潛力成為進步政治的構成元素；其他非階級認同所產生的利益，則是會與既有社會結構及制度的解放性替代方案為敵，從而構成障礙。

進步政治在近數十年來的一項特徵，就是植基於階級之外的支配、不平等與排除等生活經驗的認同，具有很大的重要性。熟悉的現代例子包括種族、族裔、性別與性取向。社會運動以及立基於這些認同的其他型態的集體行動者，在政治上的重要性經常都勝過明確奠基在階級的反資本主義集體行動者。

直接與這些非階級認同相連的利益雖與階級利益不同，但與這些利益相關的**價值**

卻與解放性反資本主義的價值重疊。以植基於種族壓迫的認同為例，終結種族歧視與支配，關係到受壓迫的種族少數群體的認同與利益。這些利益與勞動階級的利益不同。有時候，種族少數群體的認同與利益甚至跟勞工的認同與利益具有緊張關係，例如反對種族歧視的抗爭可能會對白人勞工的勞動市場競爭條件造成影響。不過，這兩種利益都懷有相同的平等主義價值，主張擁有美滿人生所需的物質與社會工具應該讓人能夠平等取得。同樣的，性別及性取向方面的壓迫所造成的傷害也是如此：這些傷害會產生各自不同的認同與利益，但兩者在根本上秉持的平等主義價值都與解放性反資本主義相同。因此，價值構成了一種基礎，可供建構橫跨各種認同的政治團結。

要建構一個健全的反資本主義集體行動者，必然需要因應這種複雜狀況：這些相互交錯的多重認同都擁有共同的基本解放性價值，但是又各有不同的認同與利益。另一個可能更加棘手的問題跟非階級認同有關，因為有些非階級認同的認同與利益可能深深敵視反資本主義的相關價值。在二十一世紀的頭十幾年，在已開發資本主義世界裡特別重要的認同，是植基於種族支配與排他性民族主義的認同。現在所謂的「右翼民粹主義」，動員群眾的基礎就是跟這類排他性認同緊密相連的利益。勞動階級中的許多群體受到這類政治隊伍的吸引，對任何形式的解放性反資本主義帶來直接的挑戰。

面對右翼民粹主義的這種高漲現象，我們很容易認為這是靠著廣泛散播而且充滿恨意的種族歧視與排外民族主義認同而起，但我認為這種觀點是錯的。當然，受到這類政治運動吸引的人當中，絕對有一些人的核心認同是對種族少數群體、外來移民以及其他族群深懷敵意。但是對右翼民粹主義政治的許多（或許是大多數）支持者而言，這些認同面向之所以會凸顯出來，原因在於政治環境以及缺乏其他選項。自從一九九〇年代以來，傳統上與勞動階級連結在一起的政黨都多多少少採納了新自由主義的核心概念：也就是只要在可能的情況下，市場與私人部門應該取代直接國家方案，成為培育經濟動力與解決社會問題的力量。由於這些政黨為大多數勞動階級人口改善生活的能力令人幻滅，因此造就了一道政治真空，使得右翼民粹主義獲得愈來愈多的支持。所以，排外民族主義與種族歧視雖然在大多數地方都是認同的文化樣貌當中的一部分，但這些元素受到凸顯或抑制的程度卻是取決於政治。

現實政治

要達成弱化資本主義的目標，一定要建構有效的政治性組織集體行動者。在世界各地，致力於打造反資本主義集體行動者的政治運動人士都面對到私人化生活、破碎化的階級結構，以及相互競爭的認同等障礙。這些是普世存在的問題。不過，克服這些障礙的實際挑戰，卻高度取決於背景情境，隨著時間與地點的不同而有極大差異。

競爭式個人主義這種普遍的文化特徵，在美國的重要性高過其他許多國家，它強化了私人化生活造成的許多挑戰。即便在各個已開發資本主義國家當中，階級結構破碎化的強度與型態、不穩定性的程度與分布，還有勞動階級裡的不平等幅度，也存在著巨大差異。種族歧視對於建構健全的進步性政治集體行動者所造成的障礙，很明顯在每個國家都不同。種族歧視造成的障礙在美國歷史上備受矚目，但在近數十年來，隨著移入歐洲的非洲與中東移民迅速增加，種族歧視問題在歐洲的重要性也日益提高，尤其是在中東戰爭造成難民危機的情況下。在二十世紀中葉的歐洲，對抗種族歧視並不是大部分地方的反資本主義行動者所面對的核心問題；但在今天已是如此。因此，在這些面向與其他面向上，私人化生活、破碎化的階級結構，以及相互競爭的認同所造成的挑戰都各自不同。

此外，除了建構集體行動者的社會情境各自不同，各國的政治制度也差異極大，進步政治運動人士即是在這些背景中行事。這些背景因素深深形塑了運動人士在建構集體政治行動者的過程中所面對的實際問題。這點對於建立能夠在選舉政治當中有效競逐國家權力的長期政治能力尤其重要，因為弱化資本主義需要能夠利用國家馴服資本主義，並且逐步拆解資本主義經濟關係當中的關鍵面向。在國家外部的抗議與動員也許能夠有效阻擋某些國家政策，卻無法單憑本身的力量朝著進步方向有效改變遊戲規則。要實現這樣的目標，外部抗議活動就必須和政黨結合，因為政黨才能通過必要的立法，並且實施新的遊戲規則。而要做到這一點，則需要有能夠在選舉政治裡有效進行競爭的政黨。

創造這種政治能力的過程深受政治遊戲規則影響，這些規則包括：

- **規範政治代表的規則**：贏者全拿的單一選區；單一選區兩輪決選制，包括排序複選制；各種型態的比例代表制；非黨派選舉（尤其是在地方層級）；以及其他。
- **規範選區劃分的規則**：政黨控制的畸形選區劃分方式；獨立委員會。
- **規範候選人甄選方式的規則**：由政黨挑選候選人的制度；由選民挑選候選人的初選制度；候選人藉由連署取得參選資格的非黨派選舉。
- **規範政治獻金的規則**：對於選舉中私人政治獻金的限制程度，包括禁止企業政治獻金；各種型態的公款補助方式。

- **規範投票資格的規則**：自動註冊所有成年公民；限制或壓抑選民註冊的各種規則（重刑犯褫奪選舉權；選民身分法；選民名單除名；以及其他）。

這些規則（以及其他各種規則）大幅影響了進步運動人士在試圖擴展能力以從事有效政治集體行動的過程中所面對的工作與難題。反資本主義者與進步運動人士究竟應該在既有的左派與中間偏左政黨當中努力，還是成立新政黨？他們的心力究竟該聚焦在地方、區域還是國家層級的政治論爭？進步社會運動與政黨之間應該有什麼樣的聯繫？由於社會情境與政治制度的複雜性與差異性，因此這些問題不可能有通用的公式可以回答。

雖然沒有通用公式，但藉著我們對於如何建構能夠有效弱化資本主義的集體行動者所做的分析，還是可以得出一些指導原則。

第一，對價值的討論應是進步政治的核心。第一章探討的三組價值：平等／公平、民主／自由以及社群／團結，應該明確提出並且加以解釋。當然，對價值的討論有可能淪為冠冕堂皇的空話。重要的是必須強調這些價值與能夠推進激進經濟民主的具體政策有什麼關係。

第二，這些價值可以為弱化資本主義的核心階級利益和其他帶有解放性抱負的認同與利益提供重要的連結。受壓迫社會類別的所謂「認同政治」，應該被視為廣泛的解放性政治當中不可或缺的元素，而不只是次要的考量。進步性反資本主義者試圖建立一套弱化資本主義主導地位的政治之時，他們的任務就是要納入明確的改革方案，不但認可這些認同與利益，並且將其連結於弱化資本主義的議程，尤其是透過積極重視這項議題：所有人對於美滿人生所需的社會與物質條件都應該擁有平等取得權。

第三，呈現進步政治的具體方案之時，民主的價值應該受到特別強調，至少在當下這個時刻是如此。更深化的民主，真正的民主，合乎極其廣大人口的利益，不僅限於勞動階級的利益。資本主義國家的民主淺薄現象，對於推動弱化資本主義主導地位的政策造成很大障礙。除此之外，對於可能不是那麼贊同反資本主義整體議程的人而言，恢復與深化民主的努力也能夠為他們提供一個團結一致的目標。

第四，必須記住，弱化資本主義的整體計畫不是只以國家為中心，政黨也不是推行這種策略所需的唯一集體行動者。弱化資本主義除了必須仰賴馴服與拆解資本主義的這種集中性政治行動，也同樣必須仰賴抵抗與逃離資本主義的做法。對這種長期弱化的策略而言，以下這些做法更是不可或缺：建立以及擴張社會與團結經濟、合作式市場經濟，還有由資訊科技促成的關係（例如同儕合作生產）所帶來的各種新式經濟實踐。回想一下，弱化資本主義意味著利用兩種方式侵蝕資本主義：一是逆轉私有化的做法，把公共財與服務的提供重新交回國家手上；二是在國家以外擴展非資本主義經濟活動的型態。新的科技發展，由於降低了規模經濟而且有助於合作，因此可望對這些非資本主義的經濟生活安排方式具有促進成長的效果。體認這些由下而上的行動所具有的重要性，並且提出改革政策來擴展可供這些行動成長的經濟空間，也會為弱化資本主義的廣泛議程深化社會基礎。

在當今的已開發資本主義民主社會，有一種極為普遍的感受，認為政治經濟體系運作不良，甚至可能在逐漸解體。國家與經濟似乎都沒有能力以條理分明又有創意的方式因應我們面臨的挑戰，包括無力調適氣候變遷帶來的後果，更遑論消弭氣候變遷的肇因；無力因應全球難民危機，尤其這項危機在未來數十年恐怕還會因為氣候難民加入戰爭難民與經濟移民的行列而更加惡化；無力減緩富裕國家內部的經濟兩極化現象；也無力應對就業領域兩種可能的發展：一是自動化與人工智慧造成「沒有工作」

的未來，二是市場產生的就業機會趨向極端，若不是要求極高度教育和知識水準的高薪工作，就是低薪而且毫不穩定的職務。當今的資本主義對於有效因應所有這些問題乃是一大障礙。

面對這些趨勢的一種反應是悲觀認命，束手待斃。資本主義看來根本不可能打倒。傳統政黨的混亂，甚至在某些地方出現解體的情形，也造就了一種政治上的無力與麻木感。這種情形導致右翼本土民粹主義趁虛而入。不難想像，自由民主遭到的侵蝕在未來有可能進一步加速，變成更加威權的政府型態，頂多只是保有民主的名義。這類發展早已出現在西歐邊緣的部分資本主義民主國家，而且也絕對有可能發生在向來被視為最穩定的自由民主國家當中。

不過，這不是唯一的可能性。目前這種資本主義未必是我們的未來。就算對替代體系的可行性缺乏信心，大眾對於資本主義的不滿也還是極為普遍。到處都可以見到有人致力於建構安排經濟生活的新方式，以逃離企業資本主義造成的傷害。此外，也有認真打造新式政治結構的嘗試，有時是在左派的傳統政黨當中，有時則是以新政黨的型態出現。為進步政治的新時代建立廣泛社會基礎的潛力確實存在。歷史事件的不可預測性以及運動人士與集體行動者的創意能動性，將會決定此一潛力是否得以實現。

艾瑞克・萊特（Erik Olin Wright），一九四七—二〇一九。

後記

布若威（Michael Burawoy）

二〇一九年一月二十三日凌晨，我們時代一位重要的社會科學家停止了呼吸。七十一歲的他，就在自身的影響力臻於巔峰之際離世。悼念訊息從世界各地湧入：包括政治人物與社運人士、合作夥伴與同事、過去及現在的學生，還有許許多多認識他與不認識他的人。他們不僅盛讚他傑出的智識成就，也頌揚他的人性。

艾瑞克・歐林・萊特與急性骨髓性白血病搏鬥了十個月，一方面維持他典型的樂觀，同時也以悍然無畏的態度面對現實。儘管他的生命逐漸流失，卻還是持續不斷為了更好的未來而奮鬥。他著手寫下一封長信給他的孫子女；掛念他的學生能否在智識面和物質面得到良好的照顧；也對他在威斯康辛大學的學系未來發展滿懷憂心，因為那裡在過去四十二年來一直是他學術上的家。他希望海文思中心在他走了以後能夠繼續存續下去。現在更名為海文思萊特中心（Havens Wright Center）的這所機構由他創辦與主掌達三十五年之久，接待過來自世界各地的進步思想家。當然，他對於探索資本主義可能的未來從未失去興趣。他對於新一代的社會主義者懷抱希望，因為《雅各賓》（*Jacobin*）這本充滿青春活力的雜誌以熱切不已的態度刊登他探討反資本主義的論文而深受鼓舞。在臨死之前，他還是懷著希望看著亞歷珊德里亞．歐加修—寇蒂茲（Alexandria Ocasio-Cortez）與美國民主社會主義者（Democratic Socialists of America）崛起。直到最後一口氣，他的樂觀心態都沒有改變，也是貨真價實的烏托邦主義者。這一切都呈現在他充滿深邃情感的網路部落格，其中描述他人生最後十個月生活起伏的內容，受到數以百計的人閱讀。

艾瑞克在成為激進馬克思主義者之前，曾在哈佛大學受到帕森斯（Talcott Parsons）的結構功能論影響，接著又在牛津大學受到路克斯（Steven Lukes）的政治社會學與希爾（Christopher Hill）的社會史學影響。他在這兩所大學都取得了學士學位。為了躲避越戰徵召，他進入柏克萊的一位論派神學院（Unitarian Theological Seminary）就讀。他在那裡自行舉辦了探討烏托邦與革命的研討會，結果在二十年後再度回歸這個主題。一九七一年，住在柏克萊的他申請修讀加州大學社會學系的博士學程。對於他那個世代的柏克萊研究生而言，馬克思主義與社會學的結合並不穩固，一方面彼此合作，另一方面卻也互相敵對。艾瑞克和他的研究生同學發起自己的平行課程，專門研究馬克思主義社會科學，與《資本政權》（*Kapitalistate*）以及《社會主義革命》（*Socialist Revolution*）等當地期刊有密切關係。

馬克思主義翻轉了社會學。對階層化與地位的研究轉變成對階級關係的研究。政治社會學從原本執迷於自由民主制轉向探究資本主義國家的理論，也從極權理論轉向國家社會主義的階級性質；經濟社會學從工業主義的真理轉向資本主義的動態；組織理論從空泛的一般論點轉向研究資本主義勞動過程；教育社會學從研究學習轉向階級複製；集體行為的非理性被社會運動的理性取代；對種族偏見與種族循環理論的研究，取代為對種族壓迫與內部殖民的研究；現代化理論讓位給世界體系分析以及對帝國主義的批判；在社會主義女性主義的影響下，家庭的社會學把焦點從社會化轉向再生產勞動，從性別角色轉向無所不在的父權體制。簡言之，馬克思主義理論取代了晦澀的結構功能論；對於美國社會的批判取代了社會學對美國社會自鳴得意的頌揚。

一九七〇年，古德奈（Alvin Gouldner）正確預見了「西方社會學即將來臨的危機」，但他沒有預見到社會學的馬克思主義復興。

艾瑞克後來為社會學重新注入了活力。他與後來在車禍中不幸喪生的義大利好友貝羅內（Luca Perrone）一起，提出了著名的矛盾階級位置架構，讓馬克思主義者得以跳脫資本家與勞工的基本二元結構，納入小資產階級、小雇主、經理人與督導者，以及專業人士。他同時在英語世界的首要馬克思主義期刊《新左評論》（*New Left Review*）與地位最高的專業社會學期刊《美國社會學評論》（*American Sociological Review*）當中，首度提出了這項對於階級結構的細緻解析。接著，在《階級、危機與國家》（*Class, Crisis and the State*, 1978）這部著作裡，他徹底從馬克思主義的角度重新詮釋了社會學。這本書在不服從世代當中大為轟動，書中以獨特的方式結合了創新的理論、堅實的經驗資料，以及邏輯清楚的論證。這是一種前所未見的馬克思主義類型。

社會學與馬克思主義不只互相敵對，也彼此競爭。艾瑞克著手證明，比起社會學家的階層化模型、經濟學家的人力資本模型，甚至是普蘭查斯（Nicos Poulantzas）在當時頗為風行的馬克思主義架構，他的階級架構更能充分解釋不平等現象，尤其是所得不平等。艾瑞克的成功開始產生自己的動力。不久之後，他取得進行全國調查的經費，因而繪製了階級結構的地圖以及階級意識的衡量，全球十五個以上的國家受到他的啟發而推動相同的計畫。他利用社會科學的工具，以思考資本主義的新奇方式取代了傳統的典範。

在他開始衡量階級及其影響的同時，他也加入了一群自稱為分析式馬克思主義者（Analytical Marxists）的傑出哲學家與社會科學家的行列。他們的目標是要去除馬克思主義當中所謂的胡扯，也就是他們認為的各種哲學胡謅、邏輯跳躍或者一廂情願，從而造就一門嚴謹的科學，經常奠基於方法論個人主義或理性選擇理論。雖然後來大多數的成員都揚棄了馬克思主義，但這個團體的作風卻深深烙印在艾瑞克餘生所有的著作裡。他在一九八〇年代初期深受羅默（John Roemer）這位不胡扯的馬克思主義的首要貢獻者以及他的創新剝削理論所影響。艾瑞克因此把自己的矛盾階級位置理論轉化變成根據不同資產的分配來概念化階級，這些資產包括勞動力、生產工具、組織資產與技術資產等。如果說封建主義是奠基於勞動力的不平等分配，那麼資本主義便是奠基於生產工具的不平等分配；國家主義奠基於組織資產的不平等分配；共產主義則是奠基於技術的不平等分配。這種觀點成了他的重要著作《階級》（*Classes*, 1985）的基礎。

另一方面，他同意與蘇聯的社會學家合作，因為他們不想被排除在階級結構的國際比較這項欣欣向榮的發展之外。於是我在一九八六年隨著艾瑞克前往莫斯科，因而得以目睹蘇聯學者對於他這個人的反應。在他們眼中，艾瑞克必定是個令人深感費解的人物：一個西方的馬克思主義者，對科學懷有堅定不移的信念。我們與蘇聯的團隊坐下來設計一項可在美、蘇兩國使用的平行調查工具。那些會議真是怪異又充滿挫折，我們一再陷入基礎的方法論爭執當中，也難以設計出在美國與蘇聯都有同樣意義的問題。在那次造訪即將結束前，艾瑞克受邀對蘇聯科學院的社會科學家發表演說。我還記得在艾瑞克闡述他的新階級理論之時，臺下座無虛席的聽眾流露出了強自壓抑的恐慌與興奮之情；畢竟當時是戈巴契夫推動改革與開放的年代。在艾瑞克平和低調的語氣以及一針見血的文句當中，他們可以清楚看出他實際上就是主張組織剝削存在於蘇聯秩序的核心。那場演說於是在半途就被打斷。

在一九八〇年代期間，艾瑞克愈來愈意識到自己受困於他所獲得的成功以及他所採用的方法。他發展出了他的學生語帶諷刺地稱為「多元迴歸馬克思主義」（multiple-regression Marxism）的研究方法，利用最新的統計技術計算客觀階級位置對若干主觀取向造成的影響，而那些主觀取向全都來自於調查研究。這項研究計畫的成果即是《階級很重要：階級分析的比較研究》（*Class Counts: Comparative Studies in Class Analysis,* 1997）這部著作。他在送給我的書上寫著：「唉，看看革命辯證法變成了什麼模樣。」

艾瑞克從來沒有完全擺脫他創始的階級分析研究計畫，但他在一九九一年展開了邁向真實烏托邦的新旅程。這項旅程也深深受到分析式馬克思主義的批判性基礎思想的形塑。馬克思主義的泡沫早已破滅，蘇聯的瓦解堪稱為馬克思主義畫下了句點；但艾瑞克卻認為馬克思主義因此獲得了解放，不再受墮落的蘇聯意識形態所箝制。資本主義在西方世界意氣風發，柴契爾夫人也說服了許多人認定沒有第二條路。艾瑞克把這樣的狀況視為打造一套新式馬克思主義的挑戰，這種新式馬克思主義將會違抗馬克思主義長久以來對於烏托邦思想所懷抱的敵意。

他的想法是要找出這樣的制度型態：奠基於現實之上，存在於資本主義的間隙當中，組織原則與資本主義相對立。他和《政治與社會》（*Politics and Society*）這本他自一九七九年起就有所往來的期刊合作，找尋那些以高度想像力設計出替代世界的作者。他協助這些作者設計出他們各自的真實烏托邦，然後根據每一項願景舉行一場研討會。艾瑞克把每一場研討會的內容編纂為合集，由維索圖書出版，至今總共出版了六冊，涵蓋以下這些主題：結社民主、市場社會主義、重塑平等主義、深化民主、基本收入補助，以及性別平等。在他去世之前，他正忙著編纂一本探討合作式經濟的合集，收錄的內容來自於阿根廷、南非、西班牙與義大利舉行的研討會。真實烏托邦已然成為一項全球計畫。

二〇一〇年，維索圖書出版了艾瑞克的代表作《真實烏托邦》。這是一部醞釀二十年的著作，他稱之為一項解放性社會科學的研究計畫。這部著作首先診斷資本主義的弊病，接著再呼籲建立一個更美好的世界，也就是一種富有活力而且可行的社會主義。書中的目標不再奠基於資本主義瓦解的幻想或是專制的國家計畫，而是要重拾「社會主義當中的社會」：為公民社會賦權，先是透過參與式預算或公民大會等制度設計反抗國家，接著再透過全民基本收入或合作社等方案反抗經濟。每個真實烏托邦都以其存在條件、散播的可能性以及內在矛盾加以檢視。

至於如何實現真實烏托邦，他則是考慮了三種向前邁進的方式。首先是斷裂式轉型，但他不支持這種做法，而是偏好共生式轉型與間隙式轉型。

共生式轉型指出的改革道路，是以短期讓步解決資本主義的危機，同時播下社會主義的種子。其中一個例子就是階級妥協，雖然收編勞動階級，但植下資本集體撥用的觀念，例如瑞典的邁德納計畫。全民福利能夠提高實現全民基本收入的可能性，從而為替代型態的生產活動創造空間，並且對職場上的資本主義權力提出挑戰。

另一方面，間隙式轉型指的是在資本主義社會的架構裡發展替代性制度，例如合作社或者數位世界裡的同儕合作。圖書館與維基百科是艾瑞克最喜歡舉的真實烏托邦例子。

艾瑞克原本撰寫《真實烏托邦》的目標讀者是一般大眾，但為了回應批評者的質疑，那本書的內容因此變得愈來愈龐大也愈來愈複雜，比較適合專門領域的讀者。不過，隨著他巡迴世界各地介紹這部著作，他也愈來愈引起政治運動人士的興趣。這是令人興奮的新發展。於是他著手撰寫一部新版本，預計分成兩冊出版：一冊是適合一般大眾閱讀的手冊，另一冊則進行比較學術性的辯論。他在二〇一六年開始撰寫第一冊，診斷出白血病的時候只剩下最後一章尚未完成。

《如何在二十一世紀反對資本主義》以簡潔而犀利的文字概述了《真實烏托邦》的許多論點，但也呈現了他的思想變化。艾瑞克首先開門見山地提出四項論點：第一，另一種世界有可能實現；第二，那種世界可以為大多數人改善人生的美滿程度；第三，那種世界的部分元素早就已經開創出來；最後，我們確實有方法可以從當下的世界前往那種新世界。如同在《真實烏托邦》，他也針對資本主義的弊病提出診斷，只不過他不是純粹列出一連串的缺陷，而是依序指出資本主義違犯了三組價值：平等／公平、民主／自由、社群／團結。這三組價值共同構成了民主社會主義的規範性基礎。

接著，他把焦點轉向反資本主義的策略邏輯。同樣，他框架這項議題的方式也與前作不同。他摒斥「打碎國家」的做法（新世界絕對不可能從舊世界的灰燼當中打造而成），但支持「拆解」資本主義（由上而下引進社會主義的元素）以及「馴服」資本主義（消除資本主義帶來的傷害）。這些由上而下的策略，又會受到由下而上的策略所補充：「抵抗」資本主義與「逃離」資本主義。這四項策略的實施，即可造成「弱化」資本主義的效果；這就是他對如何過渡至民主社會主義所重新提出的方式。

我們生活在一個由各種資本主義與非資本主義組織和制度所構成的資本主義生態系裡。在這個生態系當中，資本主義關係雖然居於主導地位，但沒有完全獨占。要過渡至民主社會主義，必須深化非資本主義元素，並且將其轉變為包括以下這些熟悉項目在內的反資本主義元素：能夠為團結經濟與合作式經濟等其他生產型態創造空間的無條件基本收入；藉由公司民主化以及建立公共銀行來消除資本的權力；還有非市場經濟安排，例如由國家供應物品與服務，以及同儕合作生產。

這種弱化策略，這種資本主義生態系裡不同構成元素的重新表達，必然需要國家涉入，因為國家乃是整個社會形構的黏合劑。在這方面，艾瑞克也偏離了馬克思主義的正統觀點，不把國家視為受到資產階級運用的一致性客體或是不曉得為什麼總是迎合資本主義利益的一致性主體，而是把資本主義國家呈現為一種異質性而且具有內在矛盾的實體，反映出資本主義生態系的多元性。各種行動者的內部與彼此之間都存在著摩擦與緊張關係，得以用來為民主的深化發揮槓桿作用。

被診斷出癌症之後，艾瑞克還有本書的最後一章尚未完成，而這一章又是最困難的一章，必須回應所有人一再對他提出的這個問題：誰會開闢出通往民主社會主義的道路？一如馬克思在去世之前仍然卡在階級的問題上，艾瑞克在人生最後的幾個月也再度必須和人類能動性的問題搏鬥。他雖然明確認為民主社會主義必須經由集體抗爭才有可能崛起，卻沒有指出特定的單一行動者或是一組行動者，而是分析這種抗爭的發生條件：能夠造就團結的**認同**所具有的重要性、能夠產生務實目標的**利益**，以及能夠在不同認同與利益之間創造出政治團結的**價值**。他無法指出促成轉型的任何一個特定行動者。

這點即可回答艾瑞克．萊特在他的所有著作當中所面臨的難題，亦即他從沒有烏托邦的階級分析，轉變到沒有階級分析的烏托邦。《如何在二十一世紀反對資本主義》為這個謎提供了解答。他指出，反對資本主義是一回事，但推動民主社會主義又是另一回事。階級抗爭對前者有所助益，但是對後者而言卻有所不足。馬克思認為階級無可避免的兩極化將會造成資本主義消亡與社會主義獲得建構的神奇巧合，但艾瑞克卻從自己的階級分析當中得出這項結論：階級本身是一股過於破碎而又有限的社會力量，不足以用來打造新的東西。如果不希望「弱化資本主義」導致陷入野蠻的後果，而是要達成民主社會主義，那麼這種轉型就需要以道德願景推動抗爭，以追求更美好的世界。他支持平等、民主與團結這三大價值。

但是，誰會受到這些價值深切吸引？艾瑞克最非凡的一項特徵，就是透過邏輯論證說服別人的能力。以思緒迅速又清晰聞名的他，是罕見能夠獲得社運人士追隨的學者，原因是他們認為他的真實烏托邦肯定了他們艱鉅的計畫。艾瑞克能夠以簡明精確又不至於稀釋其內容的方式傳達自己的理念，於是為社運人士提供了一項每個人都可以貢獻一己之力的集體計畫。由於新一代的批判思想家及運動人士對「社會主義」重新燃起了興趣，艾瑞克的追隨者因此愈來愈多。儘管他已不在人世，無法親自為社會主義辯護，但YouTube上仍有許多他的影片，現在又有了《如何在二十一世紀反對資本主義》這本強而有力的宣言。不同於《共產黨宣言》，本書並不預言或預示誰會創造一個更美好的世界（更平等、更民主也更團結的世界），而是它本身就會形塑並激勵社運人士打造這麼一種新式社會主義。他指出的那種具體幻想，將會創造出能夠加以實現的行動者。

艾瑞克的最後這本書讓我聯想到古典社會學。涂爾幹在《社會分工論》（*The Division of Labor in Society*）這部界定了社會學的著作裡，以這段文字為全書作結：

> 簡言之，我們在目前的首要任務，就是為我們自己建立一套道德。這樣的工作不可能在靜默的研究當中即興完成。這種道德唯有基於其本身的意願才有可能出現，在不得不然的內在肇因施壓下逐步實現。思考所能夠做而且也必須做的，則是開立必須達到的目標，這正是我們致力想要達到的成果。

涂爾幹支持的價值與萊特大同小異：自由、正義與團結，都是必須由某種型態的基爾特社會主義（guild socialism）達成的目標。不過，涂爾幹從來沒有說明他的社會主義該如何實現，因為他從來沒有想到過、更遑論研究過資本主義這項障礙。把資本主義與轉變資本主義的策略當成研究主題，並且勾勒出能夠帶領我們前進的具體制度，艾瑞克．萊特為我們提供的這種馬克思主義不但是社會學的最終結論與終極批判，而且是一項兼顧實際與理論的計畫，邀請所有人一同打造一個更美好的世界。

二〇一九年五月

追憶從學於萊特的悠悠時光

黃崇憲／東海大學社會學系

愛真的是貫穿在我生命深處的一條主線，結合我如何為人師，如何為人父、我的學術工作，和對馬克思主義及解放的社會科學之投入。

——萊特（Erik Wright）

Erik既留給我們一種思考方式，也留給我們一種存在方式。容我大膽直言，我沒有認識任何人能像Erik那樣清晰而切中要害、迅捷又不費力氣地思考；沒有人那麼有效率地切入任何議題、論文和書籍的要點。

——布若威（Michael Burawoy）

初次見面：威斯康辛河上共划獨木舟

「Professor Wright.」

「Just call me Erik.」

和Erik初見面的第一個對話。

彼時，我就讀馬里蘭大學歷史系碩班。美國東岸當時的大學校園文化，對教授不直呼其名，還保有敬稱。加上長期在臺灣求學，向來被要求尊師重道，頓時還真改不了口。Erik不講究師生尊卑，平起平坐，令我留下難以抹滅的印象。這就是Erik，不折不扣的平等主義者，在政治哲學分配正義的立場如此，日常生活實踐更是身體力行。不管在應對下屬、平輩或上層時，都追求達到極度的平等。

那是一九八九年，臺灣正遭逢解嚴後的重大歷史轉折，一方面社會運動風起雲湧，另一方面長期以來威權黨國體制的強控制一時也不知如何因應，而成了「迷惑的國家」。國家與社會的尖銳對立，形塑了上世紀狂飆的八〇年代。我因從大學時期即積極投入黨外運動，在《美麗島》雜誌寫稿，而激進化了起來。赴美求學，正是想解答心中懸而未決的「臺灣民主何以轉型與如何鞏固」問題。歷史系課程完全無法紓解內在的知識焦慮，除上課外，幾乎整天泡在圖書館翻閱期刊，感興趣的論文就印下來。印多了才發現，很多論文作者是Erik Wright。

那個年代網路還不發達，只知道他在威斯康辛大學麥迪遜分校（UW-Madison）社會系教書。我冒然聯繫他，表明想去參加他從一九八三年就一直不間斷舉行的「中西部激進學者及社運分子會議」（Midwest Radical Scholars and Activists Conference）夏令營，也想見他，因為正考慮轉讀社會學。我是無名小卒，對方是國際知名學者，抱著姑且一試的心情投石問路，沒想到很快就得到回覆。Erik說這個夏令營的參與者大都來自威斯康辛州附近，很少像你從華盛頓特區遠道而來。不過如果你有興趣，很歡迎你，我們倆可以一起划一艘獨木舟聊一聊。

夏令營在威斯康辛州北邊的Upwood森林營地，威斯康辛河從旁蜿蜒流過，風景十分幽美。抵達後，果真和Erik一艘獨木舟，慢慢划了兩個多小時。那時英文會話能力很有限，我除了談談涉獵較多的葛蘭西以外，到後來都不知要聊什麼。營隊活動兩天，約三十人，睡通鋪，洗澡共浴。白天上午論文討論，下午打排球，晚上升起營火，唱民歌、跳方塊舞，Erik拉小提琴伴奏。一群懷抱左翼理想，來自五湖四海的同道們，涼風習習仲夏夜月光下，那些被熊熊篝火映紅臉龐的畫面，於今思之，猶歷歷在目。營隊結束回去，就決定要轉讀社會學。一翻開從臺灣帶去的資料，才發現原來威斯康辛大學麥迪遜分校是全美排名最高的社會系，入學門檻很高。完全沒有社會學背景的我，拿到入學許可的機會十分渺茫。也許是老天眷顧，很幸運獲得入學許可，是我人生中非常關鍵的轉折點。

全美社會學系所十大名課：Soc621 & Soc622

一九八九年秋進入威斯康辛大學麥迪遜分校社會系，即修Erik開授的Soc621：「階級、國家與意識形態：馬克思社會科學傳統簡介」。此課為學年課，下學期是Soc622。第一天上課，Erik發下課綱，厚厚一疊有八十多頁，有學生還誤以為是整學期的指定閱讀文本呢！課程開場，Erik用了一個小時專講「我為什麼是一個馬克思主義者？」，接著播放他在哈佛大學四年級時，為了課程需要所製作的一部動畫影片《棋局》（*The Chess Game*），來說明革命的困境。要傳達的訊息，就是本書《如何在二十一世紀反對資本主義》所提到的遊戲規則、在遊戲中的行動、和遊戲本身的三個層次。

上課地點在校園旁一間教堂內，場地是Erik自己花錢租的，為的是場地較寬敞，全班分成小組討論時，可在不同角落彼此不受干擾進行。更重要的是，有一間茶水間可供使用。上課方式呢？三小時中，前半段Erik先演講，然後中場休息。休息前五分鐘，Erik先請同學到茶水間按下滴漏型咖啡機，開始煮咖啡，咖啡豆都是他事先準備的（後來有些同學也會自動帶來）。咖啡的香氣逐漸瀰漫開來，還伴著咖啡機悶悶的蒸氣聲，咖啡時間到了。同學們陸續取用咖啡，然後各自分散到四個角落，進行小組討論二十分鐘，之後每一組推派一位組員上臺報告。小組討論是讓因大班上課較羞怯的同學，能較自在融入討論，最後半小時全班開放提問討論。

好戲上場了，Erik會將學生的提問，以他的方式再陳述一遍。將本來還模糊不清、或不夠精準的問題順過一遍，並拉高提問層次，常讓提問的同學有被抬舉的受寵若驚感，「我竟問了這麼好的問題嗎？」其實，Erik對提問的重述，是我們重要的學習與心領神會。更特別的，如果同學提出跟Erik不同的意見，他不但完全沒有被冒犯之感，甚至還將反對他的意見，更完備地強化到正反意見「勢均力敵」之後，才提出自己的回應。Erik最堪為典範的，是對待論辯和反對意見的態度。他把反對者的主張、論點，看得比反對者自己還嚴肅，而且總先假定他人的論點有其道理，並聚焦在反對者論點中最好的部分，甚至比他們能給出的還要好。不只上課如此，在正式公開場合或學術期刊論戰，也從不訴諸誇大、扭曲或過度簡化的廉價攻擊。

課程要求繳交三篇五頁左右的小論文，不需多讀任何東西，只就課程內容的議題或論點，進行「肉搏戰式的深刻介入」（engage），目的在敦促寫作要有邏輯、嚴謹、富有想像力，要有自己獨特的聲音，以此來磨利銳化學習者的論述思辨能力，最常強調「清晰是寫作最高的美德」。此外，也要求我們對另一位同學的小論文給出書面評論。Erik批改作業十分用心（非常少見！），評論常是三、四頁，有時甚至比作業還要長！Erik還設計鼓勵學習機制，如果對繳交作業的評分不滿意，或讀了他的評論之後企圖改進，皆可修改後再繳交。此舉實是加重工作負擔，但Erik就是這麼用心投入教學。藉由這項機制凸顯修改自己文章的重要性，無形中點化我們，最大的對手不是修課同儕而是自己。背後的教育哲學，來自他對現行資本主義當中，高度競爭個人主義的反感，他甚至鼓勵我們合寫論文。Erik不認同資本主義強調競爭而不鼓勵合作，他上課時講過，當初在加州柏克萊大學讀博班，曾想和好友貝羅內（Luca Perrone）合寫博士論文，以此挑戰當時高教體制內的遊戲規則。後來因友人不幸潛水意外死亡，才不了了之。

第二週上課，因課程指定用書中有他當年的扛鼎之作《階級》（*Classes*），問誰買了這本書，然後當場退還二塊半美元，說明是出版社給的版稅，應退還我們。Erik上課口條極為清楚，組織嚴謹，層次分明。顧及有不少外籍生，體貼地放慢講課速度。因此，雖然當時英文聽力並不好，但大概七八成都聽得懂，他的英文是字正腔圓的標準美語。甚至考量學生上課要邊聽他講課（理論密度很高！），邊做筆記忙不過來，只要我們專心聽講，在內心跟他對話，所有上課內容及筆記，都可在學校附近影印店kinko取得。那一大疊筆記我一直留在身邊，已超過三十年了。但每碰到疑難回去覆案，就發現Erik早就說得明明白白了。他的課綱和講義我都妥善保存，後來在教學上受用無窮。受其影響，返臺教學後，編排課綱的自我要求，就是追隨Erik前行的腳步，雖然遠遠不及。

Erik做任何事，皆有其獨特創意與個人風格。接見學生的晤談時間，就在租來上課的教堂地下室咖啡屋。課是九點開始，他七點半就會在那裡，只要想找他的都可在那時候去。倘沒學生去，就批改學生作業或看書。每個學期，我大概會去找他二、三次，也不可能再多了。因為每次雖可有半小時會談，卻必須事先準備超過十小時，將紛亂的思緒盡力理清，形成夠「結晶化」的提問，並做好筆記，才敢前往。布若威（Michael Burawoy）在追悼文中提到：「容我大膽直言，我沒有認識任何人能像Erik那樣清晰而切中要害、迅捷又不費力氣地思考。」誠哉斯言！跟隨Erik讀書十多年的對談中，體會就是如此！Erik為人雖十分和善慷慨，平易近人，但一對話起來，其智識之聰穎、反應之快速、切題之精準，常令我畏懼、震懾、裹足不前。忝列其門下從學，絕大多數氣力，都用在盼能獲其肯定。但他教過那麼多傑出的學生，閱人無數，欲搏燦（impress）其青睞，何其難哉！Erik是我此生碰過最聰明的人，不但空前，也可能絕後。

此門課三學分，但涵括當代馬克思主義的重要議題、論辯，以及前沿發展，一學期勢必無法上完，乃延伸為學年課。此外，為企求更寬裕的上課講演內容、小組討論、及全班的提問對話，本來每週只需上三小時，Erik卻擴充為每星期要上兩次，每次三小時，等於整整多出一門課。一九九八年，Erik獲得學校該年度唯一的University Professor殊榮時，當時系主任哈勒比（Charles Halaby）介紹他：「大家都說天下沒有白吃的午餐。但Erik的教學是不用多付費的（He teaches for free）。」所指的，就是Erik自動加碼的上課時間。

此課我修了一次，後來又陸續旁聽兩次，對我衝擊和影響之大、之深、之遠，無以言喻，奠定了後來馬克思主義政治經濟學知識發展的堅實基礎。當時在系上任教的德裔學者許特列克（Wolfgang Streeck）曾公開說：「Erik開授的Soc621 & Soc622是全美社會學界公認的十大最精采的課程之一。」

拜師受教

我一九八九年到威大麥迪遜分校，整個世界局勢又是如何呢？柏林圍牆倒塌，蘇聯瓦解、東歐社會主義國家整個轉向，自二戰以來美蘇之間強烈對峙的冷戰結構也宣告結束。Erik做為立場鮮明的馬克思主義者，是完全「政治不正確」、不合時宜的學者。但Erik自一九六〇年代激進化，並持續做為一名馬克思主義者的立場始終堅定不移，恰恰是因為他的道德準則和終極關懷，使他不隨波逐流。一九九〇年春季班開始時，延續著上學期修完Soc621繼續修Soc622。二月初一個清晨，整個校園被白靄靄的春雪覆蓋著，只有幾隻不畏寒的鴿子佇立在教堂屋頂。懷著忐忑的心情，提前到教堂地下室咖啡屋找他。Erik坐在角落常坐的一張小圓桌，批閱學生作業。幾乎沒有什麼寒暄，我就開門見山問Erik是否可以當我的指導教授？接著囁嚅地說，之所以來這所學校，完全是因為他，而不是學校排名。起初Erik一時還反應不過來，愣了一下，後來就微笑著說：「好啊，當然可以啊！」對話大概不到兩分鐘，但對我而言非常重要，從那一刻起，開啟了我從學於Erik長達十三年的學習之旅（一九八九—二〇〇二）。

念及上課是向他學習的最好方式，所以Erik開的研究所課程，我全都修過，有六、七門之多（甚至旁聽大學部「American Society: How it Works」，四、五百個學生的大班課）。其中課程最吃重的是「國家理論」，每星期要讀一本大部頭的書，如Theda Skocpol的*States & Social Revolutions*、Charles Tilly的*Coercion, Capital, And European States, AD990-1990*、Michael Mann的*The Sources of Social Power: A history of Power from the Beginning to A.D.1760*等等，指定用書有十來本。雖自認是非常用功的學生，但英文並非我的母語，一個禮拜要讀三、四百頁根本讀不完，更何況還同時另外修兩門課。只好硬著頭皮去找Erik，表明無法讀完每週的指定閱讀，想要停修。Erik笑了笑回答我說：「崇憲，你以為只有你讀不完嗎，就連母語是英文的學生也可能讀不完，上了研究所，要發展出一套生存策略讀書術。書開頭的導言和結論當然要讀，其餘的就不一定要逐字逐句讀，而是掃描。但在重要論證處，該停下來細讀時，就不可匆匆掠過，你要學會判斷。」喔，原來如此，真是「受教」了。

從階級分析到真實烏托邦

我的修課階段正好巧逢Erik學術轉軌時，由階級分析轉向真實烏托邦。一九九二年他第一次開真實烏托邦，原來課名叫「Society by Design」，由Erik和哲學系的豪斯曼（Daniel Hausman，有名的馬克思主義者考茨基〔Karl Kautsky〕女婿）合開。修課學生哲學系和社會系約各占一半，有二、三十個，算很大班的研究所課。課程前半學期主要由豪斯曼負責帶領討論政治哲學中「正義」及「什麼樣的平等」之當代論辯，後半換Erik從社會學角度切入哲學家較常忽略的，為何會造成社會不義和不平等的社會結構成因，並討論一些為了體現社會主義原理之制度的具體真實提案或實踐。此後，Erik大約每隔幾年就會重複開這門課（後來跟布里格豪斯〔Harry Brighouse〕合開），我都有參與。二〇一〇年出版的《真實烏托邦》，正是他二十年磨一劍之作。每讀此書時，我幾乎都能追蹤躡跡般地溯源當初上課時的點點滴滴。同時深深體會一本書從醞釀到完成，背後日積月累所投入的心血之辛苦不尋常，實不足為外人道也。而本書《如何在二十一世紀反對資本主義》，則是該書的延伸發展。

猶憶起，當我修Soc621時繳交的一篇報告，提到分析式馬克思主義團體（Analytical

Marxists Group，Erik是重要成員之一）所發生的一件糗事。這群學者戲謔自稱為「不胡扯的馬克思主義團體」（Non-Bullshit Marxists Group，簡稱NBSMG），揶揄受黑格爾辯證法影響、說得不清不楚的其他馬克思主義理論。Erik自己在《階級》一書引言中，開宗明義引用他母親的話，強調立論必須清晰，使批評者知道為何不同意你。因此，他常對我們耳提面命必須竭力避免故弄玄虛、虛張聲勢，不受約束的理論分析，更不應該縱容自己靠著辯證法的彎繞來迴避嚴肅的質疑。他正是以思路的清晰、概念的精準定義、嚴謹的論證結構自許，來重建馬克思主義。我繳交的第一份作業，卻將Non-Bullshit打成New-Bullshit，也沒勘誤校正就交出去了。等作業發回來時，Erik篇幅近五頁的評論第一句話：「首先，崇憲，我喜歡你的笑話，很有娛樂效果。」糟了，竟搞出這個大烏龍！非吾本意，完全沒有要嘲諷的意思。作業成績雖得A，內心卻惶然不安，一直沒機會當面解釋，要再過四年，碩士論文口試答辯時才提及此事。當下，連同Erik在內，也把其他兩位口委逗得哄堂大笑時，Erik才又問我：「所以純粹只是打錯字？」

研究所常見的，帶考題回家一星期後交卷，而是統一會考。所有應考者到指定考場，不准帶書籍、筆記等任何參考資料，從早上到下午，八小時答卷。完全沒有料到Erik會做此建議。他熱切地說：「你用兩星期改好論文，然後口試，口試完後考資格考，等一下就去跟系祕書報名。」我聳聳肩跟Erik說：「不可能吧，根本沒時間準備資格考。」他說：「你讀的已經比我大多數指導的研究生還要多了，不需特別準備。碩論口試完後，到北邊的蘇必略湖划船，犒賞一下自己，再回來考試。」當下內心滴沽著：「Erik，你是在說笑嗎？」他又繼續：「第二科準備考什麼？」「政治社會學。」他說：「好，寒假就去考！你看我幫你想的方案，可讓你全部追上落後的進度，成為博士候選人。」

既然Erik都這麼說了，只能悻悻然離開，心想先把碩論搞定再說吧！花了兩星期，重拾棄置許久的論文奮力改寫，最後呈交的版本，八成內容都是新的。Erik看完之後認可地說：「下星期口試。」口試當天，Erik和卡米克（Charles Camic）都穿短褲來，另外一位口委塞德曼（Gay Seidman）穿著便裙。一反常例，Erik不要我報告碩論內容摘要，反而要我介紹自己的知識自傳（intellectual biography）。始料未及，不但原本準備的十五分鐘簡報完全派不上用場，還得即席發揮，所幸四年前的New-Bullshit Marxism糗事可藉此機會澄清。

博士資格考

口試完後，離資格考只剩一週，哪敢去划船，只能死馬當活馬醫，熬夜苦讀，每天只睡三小時，讀多少算多少，勉力而為罷了。到了考試前一晚，焦慮到不行，幾番內心交戰後，打電話給Erik說，沒辦法進考場，因為沒準備好，明天去一定考不過。Erik微笑著說：「崇憲，不要擔心，這種焦慮很正常，你知道Marcia（師母）是臨床心理學家，我幫你問問她該怎麼辦。別掛電話，過兩、三分鐘就回來。」沒多久，話筒另一端的Erik說：「Marcia說這是很正常的考試徵候群，你只要自我調適超克就可以了。」「要如何自我超克？」沒待我說完，Erik打斷：「這樣好了，明天七點半在社科院大樓大廳見，我陪你去考試，你怯場，我陪考，應該就敢去了。」我的天啊！馬上跟Erik說，好，好，好，好，我一定會去考，你不用來了。

Erik不在那次資格考出題委員會內，命題方向完全是陌生的路數，但也只能直球對決，在完全不及準備的情況下，以「實力」應考。過兩星期後，考試結果出來，順利通過了，回報Erik。他跟我恭喜，然後又提醒，咱們講好的，寒假要去考第二科，我吱吱唔唔含糊帶過。因為當助教，加上一直被碩論絆著，以及為保持全職學生F1

簽證身分，每學期必須修三門課，累積了四份遲交的期末報告，不敢跟Erik講。到了寒假，只能硬著頭皮，再去考第二科（這次不敢再打電話給他了）。考完後，約莫過了兩個禮拜，有一天Erik打電話給我（也是唯一接過他主動打來的電話）：「崇憲，我正巧在系祕書辦公室，走漏一個消息給你，你政治社會學的資格考又通過了，恭喜你。你終於在過去半年內，把別人要用三、四年完成的重重關卡，現在全部趕上了。」放下電話，心中起伏很大，看來Erik比我還開心。

聚餐

Erik指導的研究生很多，學校特別設計了一門課，限定只有他指導的學生可以選修，以減輕其授課負擔。上課方式是每個月在市內一個餐廳見面，有時是中國餐廳，有時去吃印度菜，還有一次去衣索匹亞餐廳嚐鮮非洲菜，參與聚餐的都十來個左右。到餐廳坐定後，Erik會摘下頭上的小圓帽：「等一下你們可將平常吃一頓飯的錢，放在小圓帽中，在餐桌下傳一圈（用意在避免不必要的「考量」）。」傳回來後，將小圓帽內的錢兜在一起，然後他再貼上二十或三十美元後點餐，「這就是我們今晚這餐所有的錢，由你們全權安排，讓大家可以吃飽，連小費也包括在內。」Erik就是這麼一個事事有其獨特行事風格之人。

飯後還有「餘興節目」，Erik的學生多，入學的年級數間距很大，彼此不太認識。因此，Erik每次飯後會做籤（打趣說是飯後的幸運餅乾），放在小圓帽內，其中有兩支籤，抽到的人需要介紹自己，目的是讓大家可以彼此認識對方。Erik要求我們，既然大家都進社會學系有年了，不要再用過去慣常的方式，而是盡量把學到的社會學概念也好，視角也好，以此方式介紹自己給大家認識。還記得第一次餐敘，抽到籤的就是目前任教於紐約大學社會學系的奇伯（Vivek Chibber），還有我（真是「鴻運當頭」呢！）。從小到大有過不少自我介紹的場合，但必須以社會學的方式呈現，倒是頭一遭。自我介紹完後，緊接著就是提問。Erik的學生中有不少激進的女性主義者，提的問題很尖銳，問我的第一個問題竟是：「你是不是你母親親生的？」這當然有社會文化的脈絡，因為美國離婚率高，所以才會有此奇問。正被這突來的問題愣住時，其他同學跳出來說：「哎，別這樣啦！」之後當然又是一輪社會學式的問詰往返。世事難料，沒想到當年Erik獨具一格的社會學式自我介紹方式，在事過二十多年後，竟讓邁入憂患重重、哀樂中年的我，突湧心頭，從中獲得啟發，加以拓延深化，成為目前進行中的「自我社會誌」之書寫。

除此之外，Erik也會在期末邀我們到他家聚餐，每個人帶一道菜。他親自下廚，做一道自己研發的低卡路里燉雞肉（但每次都是這道！）。在這種場合，方可一窺Erik家居生活的一面，也才有機會認識Marcia。師母是個說話輕聲細語，臉上永遠掛著微笑，非常親切又溫暖的女人。他們就讀於哈佛大學時，經由blind date見面（不知道對方是誰，只知道一些基本資料的美國配對方式），一見如故，戀愛，一起到加州柏克萊大學攻讀博士時結婚，之後廝守終生的靈魂伴侶。由於Erik的國際聲望，他常需出國，但不管在何處，兩人每天都會通電話，可見其鶼鰈情深。Erik是個深情的家庭男人，極重視家庭生活，給兩個女兒很多「有質感的時間」，自編滑稽故事娛樂她們（後來是三個小孫子），接送她們去莎士比亞劇團演戲，無微不至陪伴她們做功課、長大成人。Erik也是平等家務分工的身體力行者，當女兒Jenny和Becky還小時，學生到家裡上課，他都還需中途幫忙換尿布。每次聚餐不但親自下廚、張羅所有瑣事，聚會完後，我通常都會留下，幫他在廚房的洗碗槽中，把一大堆碗盤刀叉稍做沖洗，再遞給他置入洗碗機中。往事歷歷在目，Erik家中的聚餐是非常珍貴的回憶，上課時不太能感受到的生活日常，此時才得以登門入室「窺其堂奧」。有一次還見到他母親，老得很優雅的婦人，活到一百歲，在Erik生病住院時過世。Erik在病中完成《如何在二十一世紀反對資本主義》最後一章時，還送去請她指正，看完跟Erik說「夠好了（good enough）」，對他一生影響深遠。

海文思中心

除了上述非正式的師生共聚一堂，分享自己的研究興趣與進行中的論文外，最受用的則是Erik主持的海文思中心（Havens Center）舉辦的精采學術活動。該中心擁有豐沛資源，每學期邀請四到六位左翼國際知名學者，到系上當一星期的訪問學者。訪問期間的活動包括：兩場全校性的公開演講、一場研究生討論課（seminar）、還要排接見學生晤談時間，並不輕鬆。訪問學者都大有來頭，如哈維（David Harvey）、杭士基（Noam Chomsky）等，不勝枚舉。除了學者之外，還有來自不同國家的草根社運組織者。我幾乎沒有放過此活動的任何公開演講，讓身處在美國中西部讀書的我，卻能一睹來自全世界各地重要學者與社運人士的風采，大大拓展了我的視野。要特別一提的，有不少來訪學者的報告，就是後來Erik所編輯「真實烏托邦計畫」（Real Utopias Project）叢書中的論文。一次來訪學者的閉門工作坊午休時間，與會學者到校園附近的餐廳吃飯，突然下起雨來，我在社會系館看到Erik跟布若威正爬坡上來。為了遮雨，頭上頂著超市要來的塑膠袋當臨時雨衣，兩個人一路熱切地討論著什麼。那一幕讓我深切感受到他們之間難能可貴、終生不渝的友誼。雖然兩人的知識取向南轅北轍（布若威以細膩深入的民族誌聞名國際，Erik被學生戲稱為「多元迴歸馬克思主義者」），卻一直是深厚革命情感的哥兒們，兩人彼此讀過對方所寫的任何一篇文章，並提出深入且嚴苛的互評。

自製博士畢業證書

一九九九年，因我太太先完成學位，決定舉家遷回臺灣。離開麥迪遜前，Erik約我去他家吃早餐，討論博論的未來方向。當天，按門鈴時，門口還躺著郵差送來的《紐約時報》。應門後，Erik說先一起去遛狗，邊走邊聊吧。然後拿著一個設計巧妙的清狗大便工具（迄今在臺灣仍未看過該玩意兒），自我感覺良好地說：「你瞧瞧，我是多好的公民。」我倆帶著他的黃金獵犬，散步了約半個鐘頭。討論的詳細內容如今不復記憶，只記得對話的最後，Erik似乎深有感慨地說：「十年前我們熱切討論的是，從馬克思觀點批判資本主義壞在哪裡，現在話題竟然是，新自由主義高奏凱歌的全球化。」

回臺灣後，奮力寫博論大綱，以電子郵件跟Erik保持聯繫（但大多數時間都是失聯狀態），光是論文大綱前後磨蹭了大概有五個版本之多。每呈交後，如往常Erik對學生所寫的任何文件，兩週內就接到長篇密密麻麻的評論。不用說，每次都「被叮得滿頭包」（至少我感覺如此）。我陷入嚴重的寫作低潮，但為了「自我救贖」，每天維持工作超過十個小時，大量閱讀，就是沒真正展開書寫。直到二〇〇二年一月，看到東海大學社會學系聘用教師公告，投件截止日期是四月十五日。也許是兩三年來累積的鬱窒感，沉到底後的「海底湧紅輪」，當下忽被附靈般決定要申請（多不切實際啊！）。隨即寫了電子郵件給Erik，告訴他計畫在三月中完成博論並安排口試，以便趕上應徵教職的投件。當然，話不敢說得太滿，語帶保留應有「放手一搏的機會」可以將論文寫出來。同時也跟他敲何時回系上討論論文大綱。

他很快回覆，既然時間都這麼緊了，再來一趟美國又要花掉一星期，要我就放手去寫！有了Erik的同意後，我幾乎是焚膏繼晷，嚴格要求每天以寫五頁的速度前進，終於在不到兩個月的時間將論文初稿寄出。三天後接到Erik回信說沒問題，來討論口委人選，並敲定三月底回美國口試。趕緊訂機票，在口試前兩天回到麥迪遜。去找Erik，他的研究室大了一倍，二年多不見，Erik給了我一個溫暖的擁抱。之後交給我審查意見，竟然有十三頁之多，心情不禁沉重起來。接著問我，明晚有沒有空去他家，參加為我舉行慶祝完成博論的派對？此驚非同小可，不是後天才要口試嗎，怎麼明晚就要慶祝？Erik說，口試沒問題的，但因為你停留的這幾天，我只有明晚有空。隔晚只好如期赴宴，但內心一點都歡樂不起來，畢竟重頭戲的口試明天才要登場。晚餐到一半時，Erik說有東西要送你做紀念，原來是他親手做的博士畢業證書。Marcia在旁邊補充說Erik為了找漂亮的字體，設計製作完成後又開車出去裱框，搞了老半天。我心情激動地接過Erik給我的畢業證書，上面是他特別寫的一段話。

口試當天，如臨大敵（特別是讀過他的評論後）。我和五個口試委員坐定沒多久，Erik說，崇憲，請你先離席，口委要討論今天口試如何進行。此乃系上慣例，我也不以為意，平常都三、五分鐘左右就被叫進去，但當天我在外面等了近十五到二十分鐘，是否出了什麼包，不讓我考試嗎？為什麼討論那麼久？主場都還沒開始呢，情勢一定很不妙。正盤算最壞狀況時，Erik出來叫我進去。他是指導教授，需先開場。他說，委員們都讀過你的論文，剛剛也討論了，一致同意你的論文已經通過，不用考試了。

Be it proclaimed that
having fulfilled all of the requirements for the degree of
Doctor of Philosophy in Sociology from the University of Wisconsin

CHUNG-HSIEN HUANG

is hereby certified free of the
Three Great Sins of Sociology:

Sociology: common sense made difficult
Sociology: the painful elaboration of the obvious
Sociology: bashing down open doors

and is therefore authorized to go forth into the world
to serve the cause of advancing truth and understanding of matters social

跟預想的反差實在太大，太魔幻寫實。Erik接著說，既然論文通過了，在此前提下，接下來完全是知識交流。問題會很尖銳，甚至把你逼到牆角。但別誤會，目的主要集中在如何修改後出版。這真是大大始料未及！在威大麥迪遜分校待了十幾年，也旁聽過不少碩博士論文口試，從沒見過或聽過這種事。接下來真是唇槍舌劍、你來我往攻防了兩、三個小時。雖然有些提問當下被難倒，但也盡可能從容應對，不會答的就坦然以告，絕不亂掰，這場博論口試就像漫長求學生涯中的「成年禮」。口考結束後，委員們一一過來跟我致意。口委中的蔡特林（Jonathan Zeitlin）還將手寫的好幾頁審查意見交給我。最後是Erik：「崇憲，我以你為榮。」一起回研究室途中跟我說，後天系上要舉行系辦的碩博士畢業典禮，你可以來參加嗎？我跟Erik說，事先不知有此活動，沒有租博士袍。Erik笑笑說：「我也沒有，但我會護送（escort）你。」

系畢典在社科院八樓湖邊廳舉行，落地窗外，蔚藍的緬多塔湖（Lake Mendota）可盡收眼底一覽無遺，是全社科院視野最開闊也最美的。通常海文思中心舉辦的全校演講都在此舉行。會場來了不少人，其中很多是學生家長遠道而來。儀式簡單而隆重，由指導教授介紹自己的學生，再由畢業生簡短致詞。輪到我和Erik上臺時，Erik的致詞是這樣的：「大概在兩個多月前，崇憲說要申請教職，因此得把論文趕出來。當時我認為根本不可能，但身為指導教授，也不便阻止他，只能讓他試試看。沒想到他真的在不到兩個月的時間把論文寫完，而且是厚厚的一本，有三百五十頁。教書二十多年來，我從來沒有想到會有這樣的狀況，但崇憲竟然辦到了。他告訴我，過去兩個月的寫作，瘦了三十磅（大約十多公斤）。」

最後的探視

當我在Erik部落格看到他大概只剩三星期餘生時，內心沉重無比，一直想去美國探望他，做最後的道別。但學期還沒結束，也因彼時自己大腸癌篩檢出陽性反應，需繼續追蹤，大腸鏡排檢還沒做，舉棋不定，十分糾結。在大腸鏡檢查完沒事後，當下就決定動身，臨時訂機票，並決定帶兩個女兒同行，希望她們也能夠認識Erik。在舊金山機場轉機時，特意找僻靜無人角落撥電話給他，內心很複雜，不知要如何啟齒。電話響了幾響後，應話的是師母Marcia。介紹自己是誰後，她說Erik就在身邊，直接跟他說比較清楚。「Erik，我是崇憲，正要轉機去芝加哥再到密爾瓦基醫院探望你，不知明天什麼時候方便？」「我知道，收到你的電子郵件，但最近已無法親自回覆。」之後，是短暫的沉默。再來就是Erik語帶哽咽：「崇憲，沒想到你那麼大老遠回來看我，還帶著你的女兒……」Erik語不成聲，又是片刻的空白，我淚溼眼眶，不知如何接話。「你和女兒有地方住嗎？我在醫院附近租了一間小公寓……」，沒等他講下去，即跟他說不用擔心，已經訂好住宿地方，明天見。Erik正命在旦夕面對臨終，卻還掛念著我們今晚的住處有無著落。

隔天早上十點到醫院，找到Erik的重度看護病房，入口處備有酒精和口罩。Erik當時已完全沒有免疫能力，最擔心的就是感染。病房很寬敞，進去時看到Marcia，還有Erik的老友羅傑斯（Joel Rogers），以及阿明札德（Ronald Aminzade）夫婦。Erik斜躺在病床上微笑招呼我們，幽默地說，醫生警告不可和探病者太接近，所以你們不能抱我。他精神很好，談興甚健，完全看不出是瀕危重病之人。寒暄問好聊過一陣之後，Erik突然對我兩個女兒說，把口罩拿下來吧，我想認識你們。「You are beautiful」，我們只能淺淺微笑以對。

因心有懸念，乃直接切入正題問Erik新書（即本書《如何在二十一世紀反對資本主義》）何時出版？中文翻譯有沒有出版計畫？「今年四月Verso會出，目前已有十四個國家談妥要出版，但中文翻譯還沒有。」當下我即毛遂自薦可翻譯此書，在臺灣找到好的出版社印行。Erik欣然同意，甚至還建議，若有需要可寫份簡單的同意書由他簽名，方便未來和Verso洽談。接下來我繼續問，有沒有打算將病中部落格結集成書？Erik露出驚訝表情，「從沒想過耶！」其實，我比他更訝異，竟沒有其他人提及此事。Erik不解地繼續說，那部落格是非常個人的書寫，值得出版嗎？「當然啊！」我堅定回答後，Erik望向我的女兒們，似乎在徵詢她們的意見。大女兒殊非說：「我一直都有關切你的部落格，每次讀都給我很多的感動和啟發。」但Erik當下並沒有隨即應允，此事就暫時打住。到了中午，Marcia來提醒Erik該休息了，所以訪客們都暫時退出，到附近的休息室。我不放棄地繼續跟阿明札德討論該出版此書，他也同意。我又試著去遊說Marcia，她不置可否，要大家再想想看，最後由Erik決定。Erik的部落格把他向來的人格特質發揮得淋漓盡致，被布若威稱為「攸關生死鬥爭的美妙民族誌書寫」。Erik在生命陷入危殆，最後十個月給我們上的最後一堂生死課，向我們展示了在精神上和實踐上，如何成為真實烏托邦主義者。

午休之後，我們又回到病房中，他的女兒Becky帶著筆電，坐在病床邊準備聽打。原來Erik開始寫病中部落格不久後，又擬定另一個寫作計畫，是一封要給他三個都還不滿三歲孫子的十多萬字長信。孫子們年紀都還太小，Erik想藉此信讓孫子們長大後可以認識他，知道他是一個什麼樣的人，如何養育兩個女兒，從生命中學到的教訓，他的政治立場，核心價值，以及人生觀。本來在電腦前寫，寫了二萬五千字左右，因病情惡化妨礙了手指的操控，常打錯字。因此改由Erik口述，Becky聽打下來。他還很興奮發現，這種「生產模式」生產力驚人，過去幾星期來，已經打了八萬五千字。還打趣說這段聽打時間，就當成是給來探病親友的娛樂時光。我們就坐在那裡，聽

Erik卻顧所來徑，娓娓道來的生命敘事。

這才得知很多以前從沒聽他說過的事。Erik高中時，就從堪薩斯老家（他父母都任教於堪薩斯大學心理系）去參加一九六三年民權運動「向華盛頓進軍」大遊行，現場聽到馬丁・路德・金恩「我有一個夢想」演講。在哈佛讀大學時，因上街頭示威抗議，曾被警察逮捕。如何因反越戰，而策略地選擇就讀神學院，成為「良心拒服兵役者」，同時組織了「烏托邦與革命」讀書會，討論美國社會革命轉型的前景（可視為後來《真實烏托邦》一書的序曲）。一九八一年一些哈佛大學的教授試著要挖角他（雖然嚴酷地反對他的政治立場），還有普林斯頓大學及其他大學也打電話給他，但他都不為所動。一九八七年，他的母系加州柏克萊大學下聘書給他，威大麥迪遜分校全力以「無可拒絕」的條件挽留他，沒想到Erik要的完全不是個人加薪，而是要校方挹注更多經費到海文思中心以便可辦更多活動。他言及此時，我不禁想到一九九〇年代中，一次私下聊天，曾聽他提過哈佛大學又打電話要挖角他。他很無奈沮喪地說：「難道我變得這麼主流了嗎？」

隔天早上十點再訪，那天是大陣仗，訪客前前後後總共來了二十五個他所教過的和正在教的學生。Erik情緒高昂，滔滔不絕，似乎又回到以前上課時的口若懸河。但當提到即將離開人世，和最摯愛的家人永別，就瞬間落下眼淚。他感嘆回憶是帶不走的，只能留給活著的人。最難過的是無法看到三個孫子長大，參與他們的成長，他們也沒有機會多認識他。當下是很傷感的時刻，但隨即大夥兒又回到往日時光的敘舊中。我靠在窗邊不意瞥見了小茶几上放著由亞倫·阿金（Alan Arkin）所寫的《林中空地》（*The Clearing*）一書，是Erik很喜歡的一本童書寓言故事，描述一隻旅鼠跟一群森林動物出發去找尋真理、心靈的領悟，以及認識自己。生病住院後期，每天晚上由Marcia念給他聽，當天已讀到倒數第二章。

時而，也進入熱切的知識論辯，譬如討論葛蘭西。葛蘭西在他的《獄中書信》有句名言：「我是理智上的悲觀主義者，意志上的樂觀主義者。」但Erik說：「葛蘭西也許錯了，今日我們需要的不僅是意志上的樂觀主義，也要有理智上的樂觀主義。固然，意志上的樂觀與改變世界的渴望，會感染和深化我們對這個世界的理解。但光憑意志上的樂觀，在理智上找不到出路，看不到光，是撐不久的，兩者必須相互依傍，才走得遠。如同詹明信說的，想像世界的終結比想像資本主義的終結還要容易。要悲觀很容易，困難的是在資本主義似乎取得全面勝利，並且在『沒有其他替代方案』的意識形態霸權中，如何找到『另一種世界是可能的』確實可行方案。」這正是Erik終其一生，從早期的階級分析到後來真實烏托邦的叩問與求索，情牽志繫的畢生志業。

當天在場的大部分都是Erik的學生，他說自己總共指導了六十一本博士論文，但如果光從論文的題目來看，很難辨識出師承的系譜。他指導學生的論文主題多樣，讓人眼花撩亂，而且還是由全世界各大洲的學生撰寫而成的。做為指導教授，Erik從來沒有強迫我們要跟隨他，或成為他所要的樣子，反而總是以一種邀請我們所有人，以成為自己的方式來做回我們自己。

Erik還打算後天要回系上做告別演說。我跟Marcia說，Erik現在這樣的情況如何堪受奔波勞頓，Marcia也覺得不可行，但必須尊重他本人，當然最後也需要醫院同意放行。之後，Erik的三個小孫子來探望他，但因年紀太小，囿於醫院規定，不得進入病房。因此，Erik要走出病房到附設在旁的會客室跟孫子們相聚。Erik要起身時，我才發現在病床上侃侃而談的他，已虛弱得連站都站不穩了，更別說走路。護士推來輪椅，要Erik坐下，他卻說可以試著走走看。所以後來還是小心移步慢慢走，護士跟在後面推著輪椅。過了約一小時左右，Erik被護士用輪椅推回病房，時候不早，大家也該告辭了。

Erik在病房門口送客，學生們一一過去跟他道別，將內心深處的最後話語娓娓道出。我刻意留到最後才走，因Erik坐在輪椅中，我必須屈膝蹲著才能和他說話，心亂如麻，根本不知該說什麼。Erik對我說：「崇憲，你什麼都不用說，我瞭然於心，做為朋友，我們有共享的信念和價值，在過去的歲月中，我們就像旅伴，在知識之旅一起跋涉，共同探索，那是段美好的時光。」我默然，無言以對，只能緊抓最後的機會說，《如何在二十一世紀反對資本主義》一書，回臺灣後就會積極處理，不必擔心。又再次建議病中部落格一定要出版，如果美國不能出版，我可幫忙在臺灣出中譯本。Erik又看看女兒殊非、殊凡，說很高興認識你們。父女三人眼中早已滿是淚水（最近得知Erik病中部落格將由Haymarket在今年七月出版，書名暫定為*Stardust to Stardust*）。我跟Erik說，後天我會回系上參加他的告別演說，屆時見。

從第一天探訪，本來預想以他的病情，頂多待上一小時，沒想到那天一直留到薄暮冥冥時才離開，隔天亦是如此。完全沒有料及，在Erik撒手人寰前的一星期，能有十多個小時跟他相聚的寶貴時光，還分享了他的過去人生。在整個談話中，他很少回顧自己的巨大成就，而是不斷向前看。關心系上未來的發展與學生，最放不下的是海文思中心未來誰能接棒，繼續守護這個由他一手建立，與全世界懷抱左翼核心價值，共同追求一個更公平與民主深化未來的橋頭堡。但隔天就得知Erik不能出院，無法回到系上的消息。從與Erik初識以來，敬稱他「Professor Wright」到當天離別的「See you then」，竟是三十年的悠悠時光。

浩瀚無垠宇宙中，一粒閃爍的星塵

探望過Erik回到臺灣才四天（二〇一九年一月二十三日），他便走了。我整個人空蕩蕩的，茫然失落，不知如何安頓自己，無所掛搭。只想到要在研究所開一門課：「Erik Wright專題：從階級分析到真實烏托邦」，做為對他深切的悼念。Erik在我生命中，有巨大無比的影響，而且他的為人處事與知識上的啟發，可以等量齊觀。他不只是我的指導教授，也是我打從心底最敬愛的「人師」。何其有幸，今生能有此師生情緣的恩寵，跟隨他讀書，且驚險又不無帶點戲劇性地完成碩博士論文，若無他睿智又出格的「另類指導」，後果不堪設想。

Erik指導學生，向來給我們充分自主的發展空間，但絕不是放牛吃草，恰恰是善於觀察、瞭然於心的尊重。當我陷溺在碩論空轉無法自拔時，他指著他家客廳牆壁點醒我，「我們要粉刷的是這整間房，而不是蹲在角落一直刷了又刮，再重新上漆，一遍又一遍打磨拋光，而擱置其他地方，一籌莫展。而且寫論文不要過度著魔執念，力求一切要搞到百分百都精確無誤，這種心態會讓你掉進寫作瓶頸，你應把論文當成開啟與讀者對話，邀請讀者抵達下一階段的思維開展。」但是當我野馬跑太兇時，他又會拉住我回到該走的軌道，善巧駕馭拿捏，何時該收何時該放。

在博論謝詞中，我以超乎尋常的篇幅，濃筆著墨，殷切表達對他無以回報的知識負債，以及他對我的知識形構無可取代的地位。Erik離世後，已看到不少關於他做為學者及公共知識分子的學術討論（未來一定還會愈來愈多），但也許較少有機會認識他做為老師的面向，此正是本文著意之所在，但也因而不免流於個人化。

可惜天不假年，Erik竟在他影響力最深廣的時候去世，但真的太早太早了！他在翻越過《真實烏托邦》這部後半生最重要代表作（我心目中過去三十年來，英語世界最精采的十本社會學著作之一）之後，不但沒有停下來，又自許另一個知識攻頂計畫，一點也沒慢下來。二〇一四年他第二度應中研院林宗弘之邀訪問臺灣時（第一次是一九九四年），我曾邀他來年再訪，並且安排在暑假期間，開授兩星期的密集迷你課程。他不但當下應允，還說要等另一本新書初稿寫就，做為討論主題，這樣的課程安排才有意義。那本書應該就是本書了。

當年太陽花學運我和他（還有林宗弘）進入立法院，跟學生席地而坐與談後，在青島東路要分別時，曾問他何時退休。他頓了一下笑著說，除非有一天腦袋不中用了，研究和教學都難以勝任，無法有任何貢獻時，才會選擇退休，否則，用一個比喻來說，他會像西部牛仔死在馬鞍上。

當急性骨髓白血病隨時可能奪走他的生命，Erik 就開始規律地寫部落格，讓關心他的人可以因此有所連結。從部落格一開始沒多久，Erik 第一次提到星塵（stardust）這個比喻。將自己稱為最幸運、最得天獨厚的浩瀚無垠宇宙中的星塵，他是那一粒特別的星塵，奇蹟地轉化為有意識的生物，能覺察到自己有意識的存在，而這粒星塵將消散返回更平凡的物質狀態。他自己就像一粒微小的星塵，隨機殞落在浩瀚無垠的銀河角落中。

但他還是繼續熱情，甚至是歡欣地寫著，雖然心存感激自己所擁有的個人恩典，但從不縱容放任自己，而是試著讓世界變得更好，來為自己和別人創造意義。以感恩之情回顧自己一生，之所以能堅定企圖重新活化馬克思主義傳統，並使其更深刻地連結到對民主深化與社會正義之追求，乃源於他所擁有的有利條件與環境，因而得以活過一段極為豐富有意義、在智識上令人興奮的個人生活。所以，沒有埋怨。他知道再過幾個星期就會死，但也活過了自我蓬勃發展，充分發揮的一生。

他並非高興即將死亡，而是深深高興，他如此過了一生，而且是能與你我大家共同分享的。

二〇二〇年三月十七日，子夜臺中

春山之巔　002

如何在二十一世紀反對資本主義

How to Be an Anticapitalist in the Twenty-First Century

作　　者　艾瑞克・萊特 Erik Olin Wright
譯　　者　陳信宏
總 編 輯　莊瑞琳
責任編輯　吳峥鴻
行銷企畫　甘彩蓉
封面設計　盧卡斯工作室
內文排版　藍天圖物宣字社
出　　版　春山出版有限公司
地址：11670 台北市文山區羅斯福路六段297號10樓
電話：02-29318171
傳真：02-86638233
總 經 銷　時報文化出版企業股份有限公司
地址：33343 桃園市龜山區萬壽路二段351號
電話：02-23066842
製　　版　瑞豐電腦製版印刷股份有限公司
初版一刷　2020年4月
初版三刷　2021年1月
定　　價　新臺幣360元

Email　SpringHillPublishing@gmail.com
Facebook　www.facebook.com/springhillpublishing/

填寫本書線上回函

國家圖書館出版品預行編目資料

如何在二十一世紀反對資本主義 / 艾瑞克．萊特 (Erik Olin Wright) 著；
陳信宏譯. -- 初版. -- 臺北市：春山出版, 2020.04
面；　公分. --（春山之巔；2）
譯自：How to be an anticapitalist in the twenty-first century
ISBN 978-986-98662-4-8（平裝）

1.資本主義　2.經濟改革　3.反對運動　4.二十一世紀

550.187　　　　109001714

World as a Perspective

世界做為一種視野